Leadership Culture
Im Konsens zum Ziel in der Kuschelecke
Michael Lorenz

I0492406

Michael Lorenz

Leadership Culture

Im Konsens zum Ziel in der Kuschelecke

2. Auflage

Copyright © 2018, 2021
Michael Lorenz, Autor
grow.up. Managementberatung GmbH
Quellengrund 4, 51647 Gummersbach
lorenz@grow-up.de
Tel.: 02354/70890-0
www.grow-up.de
Redaktion: Ilona Haselbach,
grow.up. Managementberatung GmbH
Covergestaltung: Jessica Drescher, grow.up.
Managementberatung GmbH

2. Auflage 2021

ISBN-13: 978-1983591112
ISBN-10: 1983591114

Inhalt

Vorwort

Wir wollen mit dieser Booklet-Reihe erreichen, dass Führungskräfte besser verstehen können, in welcher Situation sie sich aktuell befinden, welches Kommunikations- und Führungsverhalten von ihnen erwartet wird und wie sie ihre Situation verändern können, wenn sie das wollen oder müssen.

Wir schildern in diesen Booklets anhand verschiedener Kriterien und Beispiele verschiedene exemplarische Führungswelten. Wir halten keine dieser Welten für *richtig* oder *falsch*. Sie unterliegen alle verschiedenen Bedingungen und es müssen bestimmte Kriterien erfüllt sein, damit sie stabil funktionieren und ihren Zweck erfüllen.

Alle Führungskulturen bringen förderliche und hemmende Aspekte mit sich. Wir sind der Ansicht, dass jede Führungskultur für die Erreichung der Ziele ihrer Organisation überwiegend funktional und möglichst selten und wenig dysfunktional sein sollte.

Die Übersichtsausgabe, in der wir alle Führungskulturen beschreiben, ist verfügbar unter dem Titel: Leadership Culture. Führungskultur verstehen und leben, ISBN: 978-198 359 0245. Sollten Sie dieses Booklet bereits gelesen haben, können Sie auch gleich auf Seite 20 einsteigen oder Sie nutzen die folgenden, einleitenden Seiten noch einmal als Auffrischung.

In diesem Booklet lernen Sie ein spezielles Segment des Führungskulturmodells genauer kennen – die *Kuschelecke* – erlangen ein umfassendes Verständnis hierfür und können sich und Ihre Führungssituation besser einordnen.

Wir geben Ihnen Ideen, was Sie an Ihrer Situation ändern können, womit Sie sich besser abfinden und wann Sie die Situation besser verlassen sollten. Wir stellen Ihnen Verhaltensweisen vor, die zu Ihrer Situation passen und die Sie erfolgreicher werden lassen.

Im Login-Bereich unserer Website https://kl.grow-up.de (Kundenlogin) finden Sie speziell für dieses Booklet hinterlegte Muster und Checklisten zur Arbeit an Ihren Kompetenzen, Vorschläge für Führungsinstrumente, Kommunikationsregeln u.v.m. Nutzen Sie für den Download bitte die folgenden Zugangsdaten:

Benutzername: LC1
Passwort: Kuschelecke

Ich wünsche Ihnen viel Freude beim Lesen und Umsetzen!

Ihr Michael Lorenz

Gummersbach, im August 2021

Hinweis: Wir nutzen in diesem Buch männliche und weibliche Formen, ohne dass dies eine Bevorzugung oder Zurücksetzung einer Geschlechterform darstellen soll. Es ist in allen Ausführungen aber sinngemäß immer die männliche und weibliche Form gemeint.

Einführung

In der Führung geht es im Wesentlichen darum, wie wir Bewegung, Richtung und Zusammenhalt erreichen.

Die Frage des *Wie*, die Frage nach der Art und Weise der Führung, ist eine ganz andere Frage. Im Alltag finden wir daher sowohl kultur-, als auch branchen-, unternehmens- und personenabhängig ganz unterschiedliche Führungsstile und -kulturen.

Führungssituationen lassen sich mit sehr unterschiedlichen Führungs- und Kommunikationsstilen bewerkstelligen.

Man kann z. B. in der Führung sehr menschenorientiert vorgehen. Im Kern des Führungsverhaltens stehen dann Anstand und Freiwilligkeit. Anständig mit Mitarbeitenden umzugehen heißt, auf ihre Fragen einzugehen, Hintergrundinformationen weiterzugeben, für die eigene Sichtweise zu werben und sie dem anderen nicht aufzuzwingen.

Es bedeutet, bei auftretenden Schwierigkeiten zu helfen und im eigenen Tun Rücksichtnahme walten zu lassen. Dieses Vorgehen ist stellenweise etwas aufwendig, führt aber dazu, dass Mitarbeitende mit einem höheren Maß an Freiwilligkeit folgen und Sie als Führungskraft Ihre Führungsziele mit einem höheren Grad an Anstand und Einbezug erreichen.

Auf der anderen Seite ist es auch möglich, Führungssituationen sehr prozessorientiert zu gestalten. Hier steht der Wunsch nach höherer Effizienz im Vordergrund. Effizienz bedeutet in diesem Zusammenhang, dass im Verhältnis zum geleisteten Aufwand ein deutlicher Effekt resultiert.

Effizienzorientierung bedeutet, dass man Mitarbeitende mit einfachen und nicht aufwendigen Methoden dazu bringt, zu folgen, also das zu tun, was man von ihnen will. Prozesse und Standards, Service Level Agreements (SLA´s) und Verträge sind fast immer Bestandteile effizienz- und prozessorientierter Führungsbetriebssysteme. Im Führungsverhalten kann das bedeuten: Führung durch Befehle, Anordnungen, Systeme oder Regeln.

Wichtig ist, dass Effizienz nicht auch Effektivität meint. Effektivität sagt etwas darüber aus, ob das Verhalten langfristig und letztendlich wirkungsvoll ist, jedoch nichts über die Relation zum geleisteten Aufwand.

Dies setzt nicht zwingend ein hohes Machtgefälle, also eine hohe Vertikalität voraus, oder dass sich die Mitarbeitenden in einer Situation befinden, in der sie nicht in der Lage sind, die Vertikalität zu reduzieren oder aufzulösen. Das Führungskulturmodell (Abb. 1, Seite 10) wird dies verdeutlichen.

Vertikale und horizontale Beziehungsformen

Machtdistanz zwischen Vorgesetzten und Mitarbeitenden kann in verschiedenen Kulturen, Unternehmen, Abteilungen oder auch Konstellationen sehr unterschiedlich ausfallen. Einen kollegialen Stil, der durch eine hohe Gleichheit zwischen Vorgesetztem und Mitarbeitendem gekennzeichnet ist, bezeichnen wir als *niedrige Vertikalität*. Die Machtdistanz, also der Rechteabstand zwischen den Rechten derjenigen, die führen, und denjenigen, die geführt werden, ist relativ gering.

Der diesem entgegengesetzte Stil zeichnet sich dadurch aus,

dass die Machtdistanz zwischen Vorgesetztem und Mitarbeitendem sehr groß ist, also eine hohe Vertikalität besteht. Hier ist der Rechteunterschied zwischen Vorgesetztem und Mitarbeitendem sehr hoch. Vertrauensvolle, gar persönliche Ansprache oder Eingehen auf die Bedürfnisse und Erwartungen der Mitarbeitenden finden in diesem Führungsstil im Normalfall kaum oder gar nicht statt.

Ein Modell, welches derart unterschiedliche Führungsprofile beschreibt und Ihnen einzuschätzen ermöglicht, wie in Ihrem Unternehmen oder auch in bestimmten Bereichen oder Abteilungen geführt wird, stellt das Führungskulturmodell dar. Mit diesem Modell können Sie eine grobe und trotzdem sehr aufschlussreiche Kategorisierung des vorherrschenden Führungsstils vornehmen.

Abb. 1: Das Führungskulturmodell

Die X-Achse zeigt auf, ob ein menschen- oder prozessorientierter Führungs- und Kommunikationsstil vorherrschend ist.

Beim prozessorientierten Stil steht die Erreichung von Effizienz im Vordergrund. Beim menschenorientierten Stil geht es im Kern um Anstand und Freiwilligkeit bei Führung und Kommunikation. Die beiden Begriffe können nicht als absolut oder eindimensional gesehen werden. Selten tauchen reine Formen des Führungs- und Kommunikationsverhaltens auf. Zum Beispiel kann ein stark auf Effizienz konzentrierter Geschäftsführer durchaus den Anstand besitzen, jedem seiner Mitarbeitenden persönlich zum Geburtstag zu gratulieren.

Der Begriff hohe bzw. niedrige Vertikalität auf der Y-Achse bezeichnet die Machtdistanz, oder den Rechte-Abstand zwischen Vorgesetzten und ihren Mitarbeitenden, also die Ausprägung der Hierarchie.

Je niedriger die Vertikalität, desto weniger abweichend ist die Rechtewelt zwischen Vorgesetzten und Mitarbeitenden. Meist, aber nicht immer, ist in solchen Organisationen auch die hierarchische Ordnung flacher. Je höher die Vertikalität, desto größer die Rechte-Ungleichheit (worin auch immer sie besteht und worauf auch immer sie beruht). In diesem Koordinatensystem aus den beiden Dimensionen Führungs- und Kommunikationsstil sowie hohe und niedrige Vertikalität ergeben sich vier recht unterschiedliche Ausprägungen von Führungs- und Kommunikationsverhalten.

Über jeden Quadranten erscheint ein eigenes Booklet. Sie beschäftigen sich jeweils tiefergehend mit einer Führungskultur. Es folgen:

- Leadership Culture. Gipfelstürmen mit dem patriarchalen Bergführer, ISBN: 978-1983591167

- Leadership Culture. Gut getaktet in der dynamischen Galeere, ISBN: 978-1983591068

- Leadership Culture. Auf Erfolgskurs im agilen Segelboot, ISBN: 978-1983590870

Dieses Booklet bezieht sich auf den oberen rechten Quadranten, also das Führungs- und Kommunikationsverhalten: *Niedrige Vertikalität bei hoher Menschenorientierung.*

Zu Besuch in der Kuschelecke

Im Quadranten rechts oben, der gekennzeichnet ist durch *Führung mit geringer Vertikalität und hohem Anstand*, ist die Führungskultur der *Kuschelecke* angesiedelt.

Wir verwenden diesen Begriff generell wertfrei. Wie alle Führungskulturen ist auch diese unter bestimmten Bedingungen und Voraussetzungen hilfreich, um die Voraussetzungen zu schaffen, die Ziele der Organisation zu erreichen. Unter anderen Bedingungen und beim Fehlen einiger Voraussetzungen kann jede Führungskultur für die Erreichung der Ziele der Organisation oder sogar für das Überleben der Organisation dysfunktional sein.

Oft beschreiben die verwendeten Bilder vorherrschende Kulturprägungen, so etwas wie die Leitkultur einer Organisation. Meist finden sich dann einige stark prägende Teile dieser Führungskultur und andere Aspekte sind weniger deutlich vorhanden.

In Reinform sind alle Führungskulturen in größeren und komplexeren Organisationen nur selten in weiten oder allen Teilen einer Organisation zu finden.

Im letzten Buch dieser Reihe – der Titel steht noch nicht final fest – wird es um die Gleichzeitigkeit verschiedener Füh-rungskulturen in ein- und derselben Organisation und die Veränderungen und Wandlungen der Führungskulturen sel-ber gehen. Es beschäftigt sich mit der Frage, wie es gelingen kann, bisherige Erfolgsfaktoren einer Organisation – und die sind häufig nicht unerheblich in der Führungskultur mani-festiert – beizubehalten und neue, für den zukünftigen Erfolg wichtig werdende hinzuzugewinnen oder zu entwickeln.

Die Führungskultur der Kuschelecke und das sich daraus er-gebenden Führungsverhalten sind dann sehr erfolgreich, wenn die Mitarbeitenden, die folgen sollen, eine hohe Verti-kalität nicht benötigen oder akzeptieren würden.

In solchen Organisationen ist es häufig der Fall, dass Füh-rungskräfte aus dem Kreis der Mitarbeitenden emporge-wachsen sind. Eine gemeinsame Vergangenheit verbindet einerseits, andererseits wissen die Mitarbeitenden aber durchaus, was die jetzige Führungskraft zu leisten im Stande ist und was eben auch nicht. Diese Situation findet sich heute bei vielen Start-up-Unternehmen und war für viele Unternehmen der New Economy kennzeichnend.

Der Erfahrungs- und Kompetenzunterschied zwischen den Vorgesetzten und Mitarbeitenden ist nicht besonders groß und die einzelnen Mitarbeitenden sind sich dieser Tatsache auch bewusst.

Diese Führungskultur findet sich aber auch in vielen Organi-sationen, in denen die hohe Qualifikation der Mitarbeiten-den eine hohe Vertikalität gar nicht zulässt, etwa in For-schung- und Entwicklungsbereichen von Unternehmen oder bei Beratungsunternehmen.

Die Führungskultur der Kuschelecke findet sich sehr oft in

Organisationen, die selbst nicht schwer oder hart am Markt kämpfen müssen, um älter zu werden und zu überleben.

Sei es ein Stadtwerk, eine städtische Wohnungsbaugesellschaft, ein Versicherungsverein auf Gegenseitigkeit oder ein staatlich alimentiertes Institut, das öffentliche Aufgaben wahrnimmt: Fast immer findet sich eine sehr angenehme, freundliche und menschenorientierte, allerdings häufig auch eine weiche und dadurch inkonsequente Führungskultur. Um dieses Führungsbetriebssystem erfolgreich zu betreiben, sind wiederum drei Bedingungen erforderlich. Zunächst benötigen Sie:

Ein profitables Produkt

Die Notwendigkeit, profitable Produkte zu haben, liegt darin begründet, dass in diesen Organisationen viel Energie und Zeit für Abstimmungs- und Meinungsbildungsprozesse gebraucht werden. Dies wirkt zum Teil deutlich leistungsreduzierend auf den erzielten Output. Im Extremfall erinnern diese Unternehmen an den Witz mit dem ostfriesischen Bus: Der ist 1 Meter lang und 30 Meter breit, weil alle neben dem Fahrer sitzen wollen. Die Bedingung *Profitabilität* ist aber auch erfüllt, wenn man sich wie bei durch Investoren finanzierte Start-up's nicht um die Profitabilität kümmern muss, da das Geld ja von den Anlegern kommt. Noch schöner ist es natürlich, wenn man seine Profitabilität als Organisation gar nicht nachweisen muss. Öffentlich-rechtliche Institutionen führen häufig mit diesem Führungsbetriebssystem. Die nächste Bedingung, die erfüllt werden muss, betrifft die Zeit.

Zeit

Vor dem Hintergrund, dass Gefolgschaft nur erwartet werden kann, wenn die Meinungsbildungs- und Orientierungsprozesse zur Zufriedenheit aller bewerkstelligt werden, wird deutlich, dass hierfür viel Zeit erforderlich ist. Jedes Thema muss mit möglichst vielen, gerne auch allen Mitarbeiterinnen und Mitarbeitern der Organisation diskutiert und ausführlich besprochen werden. Jeder will einbezogen sein. Nicht Einbeziehen oder Abholen gilt als rücksichtslos und löst schnell trotzige Reaktanz aus. Veränderungsprozesse dauern daher lange bis unfassbar lange, schnelle Anpassungen an Umweltveränderungen sind kaum möglich. Umwelten, die schnelle Anpassungsnotwendigkeiten der Organisation erfordern, eignen sich nicht für die Führungskultur der Kuschelecke. Führungssysteme, die auf schnelle Entscheidungen angewiesen sind, können sich im Normalfall nicht durchgängig eine niedrige Vertikalität leisten. In kritischen Situationen sind die umfangreichen Abstimmungs- und Meinungsbildungsprozesse sonst oft hinderlich.

Geduld

Wenn die beiden ersten Bedingungen der Profitabilität und der Zeit gegeben sind, führen sie auf längere Sicht im Verhalten vieler Mitglieder zu einem hohen Individualismusgrad. In Verbindung mit der oft hohen Bleibetreue der Mitarbeiterinnen und Mitarbeiter führt das oft zu sehr weitgehenden Entfaltungen preziöser und egozentrischer Mitarbeitertypologien aller Ebenen, für die die Ziele der Organisation manchmal nur noch entfernt eine Rolle spielen. Das Gebilde verliert immer mehr den Charakter eines Unternehmens oder einer zielgerichteten Organisation und wird immer mehr zur Plattform der Selbstverwirklichung. Den Freiraum der Selbstbestimmung den kollektiven Anforderungen der Organisation unterzuordnen – in starken und langjährigen Ausprägungen dieses Führungsbetriebssystems für manche Mitarbeitende kaum noch machbar. Hier liegt übrigens auch einer der Gründe, warum Mitarbeiterinnen und Mitarbeitern von stark wachsenden Unternehmen nach einigen Jahren des erfolgreichen Aufbaus oft frustriert sind. Während am Anfang noch kollektivistische Ziele, wie etwa das Überleben der Organisation oder die Stabilität von Prozessen, für alle im Vordergrund standen, steht für viele Mitarbeiterinnen und Mitarbeiter dann auch recht schnell der individuelle Nutzen im Vordergrund.

Die geringe Vertikalität, also der niedrige Rechteabstand, führt dazu, dass in diesem System Anordnungen oder klare Ansagen von Führungskräften nicht toleriert werden.

Ihre Kunst als Führungskraft muss deshalb darin liegen, immer wieder alle Beteiligten zu einem ähnlichen Verständnis der Situation zu bringen, auszurichten, zu werben, zu überzeugen, Hintergrundinformationen weiterzugeben und auf diese Weise die Mitarbeitenden zu bewegen. Sie brauchen Geduld. Oft viel Geduld.

Vorteile

„Wir sind eine große Familie", „Es ist doch so schön bei uns", das hört man häufig, wenn man für solche Unternehmen arbeitet.

Das Modell *hohe Menschenorientierung/niedrige Vertikalität* ist ein die Menschen und den Umgang untereinander in den Vordergrund stellendes Führungskulturmodell. Es lässt Menschen einen hohen Freiraum, nimmt viel Rücksicht auf individuelle Wünsche und Besonderheiten bis hin zu Schrulligkeiten und wird von den in ihm arbeitenden Menschen meist als sehr angenehm empfunden. Die Individualität und die Entfaltungsmöglichkeiten des Einzelnen sind sehr hohe Werte in diesem System.

Beispiel:

Im langjährigen Unternehmen eines Kollegen, Teil eines international agierenden Konzerns, lebte eine Art Hausmeister. Er hatte es sich in den Souterrain-Räumen gemütlich eingerichtet. An der einen Wand hingen Fotos seiner Lieblings-Fußballmannschaft und an der anderen Wand halb- oder auch vollständig nackte Pin-Up Girls. Mehrere Beschwerden von Mitarbeiterinnen, dass diese Art von Raumdekoration doch wohl nicht ganz zum äußeren Erscheinungsbild des Konzerns passen könne, verhallten spurlos. Die Dekoration der Hausmeister-Anlaufstelle wurde toleriert. Nichts geschah.

Erst als Beschwerden von Eltern aus der Grundschule gegenüber eintrudelten, dass die Kinder während der Pausenzeiten nicht nur die Bilder der Fußballmannschaft intensiv inspizierten, kam nach Jahren Bewegung in das Thema. Plötzlich hatte jemand Angst vor Öffentlichkeit und dann ging die Umdekoration des Raums auch erstaunlich schnell.

Die Qualifikation der Mitarbeitenden (nicht unbedingt die der Führungskräfte) in diesem Führungsbetriebssystem ist häufig gut ausgeprägt, weil oft auch recht regelmäßig in (überwiegend fachliche) Weiterbildung investiert wird. Einer der größten Vorteile dieses Betriebssystems ist der häufig große Wissens- und Erfahrungsschatz durch die meist langjährige Zugehörigkeit. Leider kann sich das natürlich bei Veränderungsnotwendigkeiten auch ins Gegenteil bzw. in Hemmnisse für die Organisation verkehren.

Organisationen mit diesem Betriebssystem haben meist ein

recht positives Menschenbild. Es entspricht häufig dem, was Douglas McGregor als *Theorie Y* bekannt gemacht hat.

McGregor – ein amerikanischer Professor am MIT – postulierte 1960, dass es zwei grundsätzlich unterschiedliche Sichtweisen über die Natur des Menschen gebe und dass sich – je nach eigener bevorzugter Sichtweise und daraus resultierendem Verhalten und je nach Kontext – ein unterschiedliches Verhalten von Menschen bezüglich der Themen *Einstellungen zur Arbeit, Bereitschaft zur Übernahme von Verantwortung* und *Motivation* ergebe.

Er bezeichnete diese beiden Sichtweisen von Menschen als Theorie X und Theorie Y, wobei die Theorie X den Menschen als im Kern faul und antriebsarm und daher von außen zu bewegen, die Theorie Y Menschen als an ihrer Arbeit interessiert, selbst-startend, intrinsisch motiviert und selbstverantwortlich sieht.

Einige wesentliche Postulate McGregors wollen wir nachfolgend aufführen:

Grundsätzliche Einstellung des Menschen zu Arbeit

Theorie X:

Menschen mögen Arbeit nicht, finden sie langweilig und werden sie nach Möglichkeit vermeiden.

Theorie Y:

Menschen müssen zwar arbeiten, wollen sich aber auch für die Arbeit interessieren.
Unter den richtigen Bedingungen macht Arbeit sogar Spaß.

Grundsätzliche Einstellung der Menschen zu Führung

Theorie X:

Menschen brauchen Anreize, damit sie sich einsetzen und engagieren.

Theorie Y:

Menschen sind in der Lage, sich selbst in Richtung auf ein Ziel zu führen, das sie akzeptieren.

Grundsätzliche Einstellung der Menschen zur Übernahme von Verantwortung

Theorie X:

Menschen werden am liebsten angeleitet und vermeiden die Übernahme von Verantwortung.

Theorie Y:

Unter den richtigen Umständen suchen und übernehmen Menschen Verantwortung.

Grundsätzliche Motivation von Menschen

Theorie X:

Menschen sind hauptsächlich durch Geld und die Angst vor dem Jobverlust getrieben.

Theorie Y:

Unter den richtigen Bedingungen sind Menschen durch den Wunsch motiviert, ihr eigenes Potenzial zu entfalten.

Grundsätzliche Fähigkeit der Menschen zu Kreativität

Theorie X:

Nur wenige Menschen sind zu Kreativität fähig.

Theorie Y:

Kreativität und Einfallsreichtum sind weit verbreitet.

Einer der größten Denker unseres Volkes – J. W. von Goethe – wäre sicher ein Anhänger der Theorie Y gewesen. Er sagte einmal: „Behandle die Menschen wie sie sind – und sie werden schlechter. Behandle die Menschen wie sie sein könnten – und sie werden besser". Ob er diese kluge Einsicht auch in seinem eigenen Arbeits- und Berufsalltag immer umsetzte, bleibt – auch mit genauerer Kenntnis seiner Biografie – allerdings etwas unklar.

Einer der weiteren Vorteile dieser Führungskultur ist die überwiegend zu verzeichnende Anständigkeit und Werteorientierung. Selbst bei unvermeidlich gewordenen Trennungen habe ich noch Einigungen gesehen, die mehr als üppig und großzügig bemessen waren. Interessant fand ich aber den gleichzeitig auch mehrfach aufgetauchten Eindruck, dass es bei diesen großzügigen Abfindungen und Outplacement-Angeboten weniger um die Sorge für das nun getrennte vorherige Mitglied der Organisation ging, als eher darum, sich selbst oder sich als Organisation nichts vorzuwerfen oder vorwerfen lassen zu müssen.

Die starke Orientierung auf intrinsische Antriebe (Menschen arbeiten gerne, wenn Sie den notwendigen Freiraum bekommen und nicht über- und unterfordert sind) macht besondere Leistungen möglich. Ob Sozialarbeit in Brennpunkt-Gegenden oder *Strindberg im Park*-Theaterangebote. Ob es der Aufbau einer besonderen medizinischen Sammlung oder das Engagement für eine Familie Geflüchteter ist. Diese Führungskulturen ermöglichen, dass Menschen – wenn sie entsprechend angetrieben sind – über sich hinauswachsen und phantastische Leistungen erbringen können.

Wenn es gut läuft und viele Menschen eine Sinnstiftung für das, was sie tun, empfinden, kann solch eine Führungskultur ein enormes Zusammenspiel unterschiedlicher Kräfte entfalten.

Ob es das unglaubliche Lucerne Festival Orchestra oder auch selbst organisierte Art-Festivals, wie z. B. das Burning Man Festival in der Wüste von Nevada, sind. Sie basieren auf der immer freiwilligen und häufig sogar unentgeltlichen Mitarbeit von Menschen mit meist unglaublichem Arbeitseinsatz im Dienst der Sache und des Ergebnisses.

Wenn Menschen aus innerem Antrieb etwas tun, können sie damit sehr große Erfolge produzieren (Theater, Musik, Film...), allerdings braucht es in diesen Situationen dann zum Teil auch viel Aufwand, um Menschen zu etwas zu bringen, was sie nicht so gerne tun oder nicht einsehen.

Sprechen Sie mal Theaterintendanten, Regisseure oder Dirigenten auf das Thema *Zurückstellung der Selbstbestimmung unter das gemeinsame Ziel der Gruppe* an. Die bildreichen Vorträge machen ganze Urlaube farbig und unterhaltsam. Wenn Menschen diese Fähigkeit besitzen, bei anderen Menschen (und ganz besonders natürlich bei Menschen, die auch mit einem nicht unerheblichem Ego ausgestattet sind, wie manche Schauspieler/innen oder Sänger/innen) eine Zurückstellung der Selbstbestimmung im Sinne der Sache zu erreichen, werden sie zu recht verehrt.

Eine der Herausforderungen in *normalen* Organisationen besteht für Führungskräfte ja auch ab und an darin, Menschen, die denken, sie seien Madonna, ganz sanft zu der Einsicht zu führen, dass sie das ja gerne weiter denken können, es aber nicht sind.

WENN Frau/Mann Madonna ist, dann ist es ja kein Problem, sein Hyper-Ich einfach auszuleben. Dann bekommt man eben in jedem Hotel auf der Welt nur gelbe Blumen. (Übrigens auch auf den aushängenden Fotos und Bildern). Aber wenn Frau/Mann NICHT Madonna ist, na dann kann es halt zuweilen etwas schwieriger sein ...

Dazu sind in der Führungskultur der Kuschelecke Leitbilder, Spielregeln und viele weitere Regelungen notwendig, damit bei der hohen Orientierung am Einzelnen die Ziele der Organisation nicht aus dem Blickfeld geraten.

Großartig und sicher ein Vorteil, aber manchmal auch ein möglicher Nachteil dieses Betriebssystems ist es, dass viele Menschen in diesem System auch zur Leistungserbringung bereit bleiben, selbst wenn die Tätigkeit über längere Strecken schwierig, zäh und mühevoll ist. Viele ehrenamtliche Mitarbeitende in Vereinen und Verbänden, aber auch bei den Kirchen, beziehen ihre Motivation und Zufriedenheit nicht nur aus der Tätigkeit als solcher, sondern aus dem guten Miteinander und der hohen möglichen Individualität.

Bedingungen

Viele Organisationen, denen es gut geht, die den Erfolg oder das Glück haben, profitable Produkte oder Dienstleistungen herzustellen oder anzubieten, tendieren zu diesem Betriebssystem. Auch wenn Organisationen jung sind, stellt sich oft eine – in diesen Fällen allerdings meist leistungsorientierte – Kuschelecken-Kultur ein.

Das ist es auch, was viele Menschen an jungen und kleineren Organisationen so gerne mögen – es geht noch um die Sache und es wird nett und rücksichtsvoll miteinander umgegangen.

Beispiel:

„Am Anfang da waren wir 70 Leute. Irgendwann hat mal jemand Äpfel mitgebracht. Von seiner Tante aus dem alten Land. Die waren herrlich. Alle wollten immer wieder diese Äpfel haben. Wir haben die dann beim örtlichen Gemüsehändler extra bestellt. Da waren wir 320 Leute.

Irgendwann sagte der uns, er könne das nicht mehr schaffen mit den drei Standorten. Da haben wir jemanden dafür eingestellt, als wir über 700 Leute waren. Am Ende waren zwei Vollzeit-Kräfte mit der Vor- und Rückflusslogistik der Obst- und Gemüseversorgung beschäftigt. Wir hatten über 1000 Mitarbeiter."

Kurzzeitig. Dann ging es mit dem neuen Markt bergab.

Am Ende waren es wieder 50.

Branchen, in denen es keinen oder keinen vernünftigen Wettbewerb gibt, tendieren auch häufig dazu, mit niedriger Vertikalität und hoher Menschenorientierung zu führen.

Eine berufsgenossenschaftliche Unfallklinik: Da die angeschlossenen Betriebe (nicht freiwillig wählbare) Abgaben leisten müssen, sammelt sich in solchen Organisationen oft viel Geld.

Die gute Nachricht: Häufig werden hier exzellente Leistungen für die (oftmals schlimm verunglückten oder unglücklich operierten) Menschen erbracht, die bei der Arbeit oder auf dem Weg zu dieser verunglückt sind. Hoch spezialisierte Ärztinnen und Ärzte operieren komplizierteste Fälle auf virtuosem Niveau und ermöglichen den Menschen in vielen Fällen wieder ein lebenswertes und oftmals auch wieder ein besseres Leben.

Für die in vielen anderen Häusern oft gebeutelten Mitarbeiterinnen und Mitarbeiter in der Pflege findet sich hier ausstattungsbezogen manchmal auch ein El Dorado. Schreibkräfte auf den Stationen, der Hol- und Bringdienst ist super professionell und die Bezahlung überdurchschnittlich.

Wenn es gut läuft, wird die Situation, in der die Organisation leben kann, oft in komfortable Leistungen für die einzelnen Mitarbeiterinnen und Mitarbeiter umgesetzt.

Bei einer Berufsgenossenschaft im öffentlich-rechtlichen Bereich konnte man das gut beobachten. Es gibt keine festgelegten Arbeitszeiten für niemanden, alle Mitarbeiterinnen und Mitarbeiter dürfen über 20 Tage pro Jahr zuhause arbeiten und das ist noch nicht einmal eine Home-Office-Regelung. Die gibt es auf Antrag auch noch. Die Kantine ist sehr hochwertig und auch sehr hoch subventioniert. Manchmal könnte man denken, dass in solchen Organisationen paradiesische Zustände herrschen:

Man sollte denken, Organisationen, die so menschenorientiert mit niedriger Vertikalität unterwegs sind, haben nur umsichtige und verständnisvolle Manager und Führungskräfte, die Mitarbeiterinnen und Mitarbeiter wissen die gebotenen Freiräume sehr zu schätzen und begegnen der angenehme Arbeitssituation mit hoher Loyalität und Leistungsbereitschaft.

In vielen Fällen ist dem auch so, aber nicht in allen.

Ob Infrastrukturunternehmen wie die Deutsche Bahn oder Stadtwerke, ob Fachhochschulen, Universitätskliniken oder staatliche Lotto-Unternehmen – ohne echten Wettbewerb fehlen leider eben manchmal auch die heilenden Kräfte des Marktes.

Noch angenehmer lebt es sich natürlich, wenn man seine Profitabilität nicht nachweisen muss. Viele Einrichtungen des Öffentlichen Dienstes, Behörden, Verwaltungen und auch Organisationen, die im öffentlichen Auftrag Aufgaben wahrnehmen, führen gerne mit diesem Betriebssystem.

In Deutschland gab es bis vor einigen Jahren eine eigene Bundesanstalt für Getreide-, Kartoffel- und Fettforschung. Inzwischen vereint unter dem Dach der Bundesforschungsanstalt für Ernährung und Lebensmittel, forschen kluge Menschen aber auch heute noch an Verfahren zur Kartoffelveredelung.

Dagegen ist prinzipiell nichts einzuwenden, man kann sich aber auch die Frage stellen, ob nicht Organisationen, die Interesse an Kartoffelveredelung haben, ihre Forschungen selber finanzieren können. Aber – egal. Jede Woche Montag stürzen sich festangestellte Wissenschaftler wieder auf Fragen im Bereich der Knollengewächse. Um sie herum eine ganze Anzahl öffentlich-rechtlicher Amtsinhaber samt Präsidium und Beirat und Angestellte, von der Fahrerin bis zum Aushilfsgärtner.

Passende Situation

Niedrige Vertikalität ist sinnvoll, wenn:

- mit gut ausgebildeten Personen gearbeitet werden soll.

- die fachliche Kompetenz bei den handelnden Personen hoch ist, denn kompetente Menschen akzeptieren – wenn sie Alternativen haben – nur begründbare und sinnvolle Grade von Vertikalität.

- konstruktiver Austausch zwischen den Mitgliedern einer Organisation gebraucht oder förderlich ist.

- individuelle oder kundenspezifische Lösungen gefordert sind (z. B. durch starken Projektbezug in der Arbeit [Individualfertigung]).

- laterale Zusammenarbeit erforderlich ist, weil Expertenwissen gebraucht wird (z. B. Krankenhaus, spezialisierte Software-Entwicklung, ...).

- die langjährige Zugehörigkeit und das angenehme Arbeitsklima zu vielen persönlichen Vernetzungen führen. Diese erleichtern es, Themen auf dem *kleinen Dienstweg* zu regeln. Leider führt das auch dazu (siehe bei: *Probleme*), dass viele Themen informell begonnen und ebenso weiter bearbeitet werden.

- eine hohe Konstanz und Verbundenheit der Mitarbeitenden zur Organisation hilfreich ist.

Probleme

„Unsere Organisation ist mit Schlumpfigkeit in
Schlumpfhausen ganz gut beschrieben."
(Mitarbeiter eines genossenschaftlichen Unternehmens)

„Wir sind keine große Familie mehr", so der CEO eines
großen Dax-Unternehmens mit tief verankertem Kuschelecken-Betriebssystem.

Das will natürlich im ganzen Unternehmen kaum jemand
hören. Und trotzdem muss sich das Unternehmen langsam
aber sicher davon wegbewegen, weil es einfach nicht mehr
die hochprofitablen Luxusprodukte aus den 50´er und 60´er
Jahren des vergangenen Jahrhunderts hat, in denen sich das
auf Qualität und Zusammenhalt bedachte Betriebssystem
gebildet hat.

Das Unternehmen ist heute in einem globalen, hoch kompe-
titiven Markt unterwegs, die Produkte werden von den Kunden schon lange nicht mehr als *Luxus*, sondern als Selbstver-
ständlichkeit gesehen und die Preise sind am Boden.

Geld verdient man nur noch mit flexiblen, genau passenden
Leistungen für die Bezahlbereitschaft (oder auch die Zwangs-
lage) der jeweiligen Zielgruppe.

Um das Change Management ist hier niemand zu beneiden.
Im Gefühl vieler Mitarbeitender wird es seit Jahren schlechter und kann nur noch schlechter und unkomfortabler werden.

Selbstausbeutung

Ein auf den ersten Blick positiv wirkender Faktor ist die enge Bindung vieler Menschen an das Unternehmen. Das geht von starker Identifikation bis hin zum Korps-Geist. „Dem haben Sie die Unternehmensfarben auf die Stirn tätowiert", so ein gängiger Spruch.

Leider kommen in Führungskulturen mit solch starken Identifikationen immer wieder auch Formen von Selbstausbeutung vor.

Beispiel, Teil I:

Anrufe der Chefin um 22.00 Uhr. Der junge Mann hat einen Säugling auf dem Arm – völlig normal.

Er steht kurz vor der nächsten Karrierestufe. Er ist im Konzern zuständig für einen Teil des Corporate Designs. Ein neuer Launch des Erscheinungsbildes steht an. Nichts Revolutionäres, eher eine Evolution des eingeführten Markenzeichens.

Natürlich muss für solche Themen im Konzern vieles gut zusammenspielen. Leider tauchen Tage vor dem Launch auf einem allseits bekannten Videoportal hervorragende Aufnahmen des neuen Erscheinungsbildes auf, die aus internen Quellen zugespielt worden sein müssen.

Der Vorstand schäumt. Riesen-Drama im ganzen Konzern. Hunderte von Anrufen bei allen möglichen Verantwortlichen oder auch im Verdacht stehenden Verantwortlichen.

Kommunikative Desaster

Kommunikation in solchen Kulturen ist eines der größten Probleme. Und zwar nicht die Menge und die Qualität, sondern die Ungerichtetheit, Aufgeregtheit, Emotionalität und die geringe Klarheit.

Alle wollen einbezogen sein

Jeder möchte bei möglichst vielen Themen informiert und miteinbezogen sein, seine individuelle Sichtweise dazugeben können und permanent das Gefühl haben, gehört zu werden. Dieser Wunsch hat mit den für die Rolle oder Funktion notwendigen Informations- und Beteiligungsnotwendigkeiten häufig fast nichts zu tun. Die Wichtigkeit oder Bedeutsamkeit einer Person macht sich aber oft daran fest, ob und wie frühzeitig jemand in welches Thema einbezogen ist. Wenn jemand erst spät von einem Thema erfährt, steht sie oder er in der betrieblichen Wichtigkeitshierarchie weit unten. Wer gar nicht einbezogen wird, kann daran feststellen, dass er oder sie in der betrieblichen Hierarchie absolut unbedeutend ist und reagiert dementsprechend dann schnell trotzig oder beleidigt.

Freundliche Falschheit

Die hohe Empfindlichkeit, aber auch Empfindsamkeit führt in diesem Betriebssystem zur Züchtung von Politiker-Fähigkeiten bei Mitarbeitenden auf allen Ebenen. Etwas sagen, ohne etwas zu sagen, ist die diplomatische Kunst, die dauernd von allen Beteiligten geübt werden muss, weil man schnell jemandem auf die Füße treten kann, der dann auch aus nichtigem Grund viel Rabatz machen kann.

Ich hatte mal einen Besuch beim Vorstand einer Organisation aus diesem Quadranten zu absolvieren, weil ich gewagt hatte, im Seminar zu fragen, ob denn das ambitioniert formulierte Leitbild auch im Alltag lebbar sei.

Freiraum ist das höchste Gut

Diese Führungsbetriebssysteme lassen an vielen Stellen unnötigen und teuren Freiraum bei handelnden Personen zu.

Beispiel:

„Als ich neu im meiner Abteilungsleiterinnen-Rolle anfing, hatte ich eine Mitarbeiterin, die ihr Büro immer jahreszeitlich dekorierte. Es gab nicht nur eine Weihnachts- und eine Osterdeko, sondern auch eine Winter-, Frühjahrs-, Sommer- und Herbstdeko neben einigen besonderen Dekorationen wie Karneval und Halloween. Der Akt der Umdekoration war jeweils ein ganztägiges Großprojekt. Als sie merkte, dass mir das nicht ganz so lieb war, schränkte sie die Aktivitäten ein. Noch Jahre später fragten Kolleginnen und Kollegen, ob es dieses Jahr nicht wieder die hübsche Advents-Deko gäbe", so die Bereichsleiterin eines großen Bankkonzerns.

Hohe Wünsche nach individuellen Freiräumen, geringe Standardisierung und schwache Durchsetzung der Einhaltung von Prozessen führen häufig zu einem sehr lockeren *Laissez-faire-Stil* in der Führung, präziser ausgedrückt:

Jeder kann machen was er will.

Und das machen Menschen dann auch gerne – häufig im am besten verstandenen Sinne.

Für ganz unterschiedliche Krankenhäuser habe ich zum Beispiel über mehrere Jahre dieselben Oberarztkurse gegeben. Jedes Mal saßen die Ansprechpartner selbst während des kompletten Seminars mit im Raum und hörten sich das Seminar immer wieder an – auch bei der dreißigsten Durchführung. Sie würden das sicher mit Qualitätssicherungsaspekten begründen oder damit, dass die Teilnehmer so jederzeit einen internen Ansprechpartner für organisatorische Fragen haben.

Kein Problem – werden eben mehr Leute eingestellt, weil die Personalentwicklung ja so überlastet ist. Wenn man es bezahlen kann …

Der menschlich freundliche und umgängliche Bereichsleiter in einer Bank hatte ein unglückliches Händchen bei der Auswahl seines Stellvertreters. Der mischte sich – auf dem Hintergrund seiner Stellvertreterrolle – in alle Themen ein, erzählte viel im Unternehmen herum und hatte leider auch persönlich die unangenehme Eigenart, bei manchen Themen unangemessen emotional zu reagieren. Er behandelte dann Kolleginnen und Kollegen wie Schulkinder, was natürlich völlig unangemessen war. Der ganze Bereich fragte sich häufiger, was diese Person denn eigentlich arbeite, bei diesen intensiven und ausführlichen Kommunikationszeiten.

Es war dem Chef über Jahre aber nicht möglich, mit seinem Stellvertreter über diese Themen zu sprechen, was ihn selbst viel Reputation bei seinen Mitarbeiterinnen und Mitarbeitern kostete.

Verschwenderisch sparsam

Das Thema *betriebswirtschaftliches Denken und Handeln* ist in dieser Führungskultur fast immer ein Problem.

Viele Menschen sind so weit weg von den Themen Umsatz, Ertrag, Kundenorientierung oder Geschäftserfolg, dass man sich das in Organisationen, die ihre Existenz immer wieder mit guten Leistungen erkämpfen müssen, kaum vorstellen kann.

In diesen Umgebungen kann man häufig feststellen, dass selbst gravierende Schieflagen von Niederlassungen, Bereichen oder Abteilungen niemanden interessieren. Ich habe für Abteilungen gearbeitet, die über Jahre Krankenstände von 25 Prozent und mehr aufwiesen. Im Klartext: Ein Viertel der (öffentlich-rechtlich) entlohnten Mitarbeiterinnen und Mitarbeiter waren dauerhaft nicht da. Das hat die verantwortlichen Personen jedoch nicht interessiert.

(Anmerkung des Autors: Vielleicht können Sie nun besser verstehen, warum Menschen wie ich, die in diesen Betriebssystemen arbeiten, bei gut gemeinten Initiativen aus Bundesministerien, wie etwa der Pflegeinitiative von Bundesgesundheitsminister Spahn 2018, vermuten, dass sie kaum etwas merkbar bewirken wird? 13.000 Pflegekräfte mehr – und die noch besser bezahlt – nutzen gar nichts, wenn der an manchen Stellen vorhandene Führungsschlendrian und das Desinteresse, gravierende Schieflagen im eigenen Haus beherzt anzugehen, nicht mit eingeführt werden. Sonst sind hinterher nur noch mehr besser bezahlte Menschen nicht an ihrem Arbeitsplatz.)

Der Wasserkopf bläht sich immer weiter auf

Wenn man sich mal die Entwicklungen der vergangenen Jahre in Organisationen mit diesen Führungssystemen ansieht, kann man gut feststellen, dass sich bei vielen Organisationen im Wesentlichen der Wasserkopf immer mehr aufbläht.

Ob im System Kindergarten, Schule oder im System Krankenhaus – immer mehr Menschen in immer mehr Koordinations- und Stabsstellen (Bettenmanagement, Entlassungsmanagement, ...), immer mehr spezialisierte Beratungs- und Begleitungsrollen (Gleichstellungsbeauftragter, Datenschutzkoordinator, Betrieblicher Gesundheitsmanagementbeauftragter, ...), aber relativ oder sogar auch absolut immer weniger Menschen in den aktiven, wertschöpfenden Rollen als Erzieherin oder Erzieher, Lehrer oder Lehrerin oder Pflegekraft.

Dann werden Bereiche und Abteilungen größer oder zusammengelegt, eine neue Hierarchieebene wird etabliert, die natürlich *im Wesentlichen strategische Aufgaben* wahrnimmt. Auf gut Deutsch: Nicht mehr mitarbeitet.

Dafür immer mehr Aufgaben, von denen die Organisation denkt, dass sie die auch machen muss. Und natürlich auch immer mehr Aufgaben, die von außen aufgezwungen werden. Und da die Stabsstellen auch Zeit haben, controllen sie die Umsetzung dieser Aufgaben auch immer besser.

Ein Personalleiter im Krankenhaus: „Wir haben immer mehr nicht wertschöpfende Rollen und Aufgaben: Betriebsrat, Betriebsarzt, BEM-Beauftragter (betriebliches Eingliederungsmanagement) und, und, und. Keiner kümmert sich hier darum, warum die überlasteten Mitarbeitenden krank werden. Aber die Eingliederung nach der Burn-Out Erkrankung – wie aus dem Bilderbuch."

„Jetzt wollen wir es uns mal richtig schön machen."

Und – nur zu verständlich: Wenn es denn irgendwie geht, wird auch gerne mal dafür gesorgt, dass es noch ein bisschen schöner und netter wird. Ohne zu viel Rücksicht auf Kosten nehmen zu müssen.

> **Beispiel:**
>
> Eine neue Organisationszusammensetzung sollte durch ein Team-building begleitet werden. Der Personalentwickler sollte und wollte die Kosten im Griff halten. Ich machte einen kostenreduzierten, schlanken Vorschlag, der allerdings von allen Beteiligten etwas Eigeninitiative verlangt hätte (Verpflegung selbst einkaufen, kochen etc.).
>
> Heraus kam am Ende – getrieben durch die einerseits sehr engagierte Vorbereitungsgruppe, andererseits aber auch von der Angst, was man den Kolleginnen und Kollegen denn alles oder nicht zumuten könne – eine *Was-kostet-die-Welt-rundum-Wohlfühl-veranstaltung,* bei der auch noch darüber gemeckert wurde, dass nicht rechtzeitig darüber informiert worden sei, von wann bis wann es denn Frühstück gebe. Kein Problem – am Ende bekam jeder die Sonderlocke, die er oder sie brauchte.
>
> Fast vier Monate beschäftigte sich das Vorbereitungsteam sehr intensiv und zum Teil fast ausschließlich mit der Veranstaltungs-reihe.
>
> Die Veranstaltung war ein voller Erfolg und hat das Veränderungs-projekt viel ruhiger als gedacht ablaufen lassen. Man muss sich solch einen Komfortgrad aber auch erst einmal leisten können.

In fast allen niedergelassenen Praxen und vielen Kranken-häusern haben z. B. Ärzte immer noch einen hohen Frei-raum, welches Medikament zum Einsatz kommt, obwohl fast immer wirkungsgleiche Medikamente viel günstiger zu haben sind. Alle in diesem System wissen, dass dieser Freiraum unsinnig ist und alle Beteiligte viel Geld kostet, die Reduktion des individuellen Nutzens des Einzelnen (kostengünstige Fortbildung auf gesponserten Kongressen, gerne auch an touristisch interessanten Orten) stellt trotzdem niemand wirklich ab. Die Krankenkassen sind nicht in der Lage durchzusetzen, dass zu europäischen, gemittelten Preisen eingekauft wird. Auch ein neuer Bundesgesundheitsminister nicht.

Der innere Werteverfall

Am problematischsten ist es, wenn die Absicherung des Einzelnen hoch ist.

In den ehemaligen Staatsunternehmen kann der Personalbereich ein Lied davon singen, was passiert, wenn die bei der Auswahl und Ausbildung vorhandenen Wertewelten (die vormals sprichwörtlichen preußischen Beamtentugenden) wegfallen und gegen die einer betriebswirtschaftlich orientierten Welt ersetzt werden.

Beispiel:

Noch bis weit in die 60´er Jahre des vergangenen Jahrhunderts war die Welt bei der Bundesbahn noch in Ordnung. Es gab viele Beamte, die zwar relativ gering bezahlt wurden, deren sichere Alimentierung aber für den Einzelnen einen hohen Wert darstellte. Man fühlte sich der Welt der Bahner zugehörig, der Vater war im Normalfall bei der Bahn, der Onkel auch. Man wohnte in Häusern der Bahn und machte Urlaub im Bahnferienheim und traf den ganzen Tag Menschen, die einen verstanden und so lebten, wie man selbst. Übrigens gab es in diesem Sektor nur graduelle, aber kaum substanzielle Unterschiede zwischen Ost- und West-Bahnern.

Der Zug kam noch pünktlich. Weil Pünktlichkeit eben ein Wert war und alle daran arbeiteten, diesen Wert aufrecht zu erhalten. Man wurde nicht einfach so mal krank, weil man sich dem Kollektiv verpflichtet fühlte. Man wusste, welcher Kollege oder welche Kollegin das hätte ausbaden müssen und kannte ihn noch persönlich. Die geringe Bezahlung wurde durch immaterielle Werte wie Ehre oder Stolz aufgewogen. Sicherheit war ein Wert, mit dem viele Menschen der Nachkriegsgeneration noch etwas anfangen konnten. Ein Zustand, wie ihn die französischen Kollegen der SNCF auch heute noch haben.

Dann kam die Liberalisierung. Neue Wertewelten hielten Einzug. Wettbewerb, Profit- und Leistungsorientierung, Shareholder Value und Ellenbogengesellschaft.

Das Bahnbetriebswerk, in dem der Vater und der Onkel so lange gearbeitet hatten, wurde digitalisiert und dicht gemacht.

Heute sehen Sie die Effekte sehr deutlich, wenn Sie genau hinschauen:

Irgendwelchen gemeinsamen Werten fühlt sich kaum jemand mehr verpflichtet. Sie haben auch keine gemeinsamen mehr.

Trotz der Tatsache, dass noch viele Beamte für die Deutsche Bahn tätig sind, ist die innere Verpflichtung bei manchen Mitarbeitenden weg. Das Unternehmen ist eben eines wie jedes andere. Austauschbar, nüchtern, kalt, unpersönlich, profitorientiert.

An jedem Zug eine oder mehrere Türen, die nicht benutzbar sind. Die Reparatur zu teuer. Weniger Türen gehen schließlich auch.

Die Motivation der den alten Wertewelten verpflichteten Menschen geht in den Keller. Die Krankenstandraten steigen. Erst fühlen sich die Menschen krank. Danach werden sie krank. Früher wäre man bei geringen Beeinträchtigungen zur Arbeit gegangen. Inzwischen nicht mehr. „Das tut man nicht, man lässt die Kollegen nicht hängen", ist weg.

Die oben beschriebene Entwicklung findet sich bei einigen Berufsgruppen. Üblicherweise solchen, in denen früher eine hohe Werte- und Idealismusausprägung zum Berufsbild gehörte. Ob bei der Polizei, in der Krankenpflege, bei Lehrern, Beamten oder in der Stadtverwaltung.

Leider ist es dann parallel auch so, dass Menschen in der Breite die Achtung vor diesen eigentlich gesellschaftlich wichtigen und unverzichtbaren Rollen verlieren.

In sechs Jahren schafft es die Kölner Stadtverwaltung gerade mal, 400 Meter zentral wichtigen Straßentunnel sanieren zu lassen. In der Zeit baut die Türkei unter dem Bosporus eine sechsspurige Autobahn. Von den chinesischen Aktivitäten in China und in Afrika reden wir lieber gar nicht.

Egal, die Kosten tragen schließlich andere. An Stress, Ärger, Geld. Jeden Tag.

Wenn man von den Ringen in Köln nach Bergisch Gladbach fährt – gerade einmal ganze 14 Kilometer – warten sage und schreibe 18 Radarfallen darauf, das leere Stadtsäckel aufzufüllen. Geplant, budgetiert und vom Kämmerer mit festen jährlichen Einnahmen kalkuliert.

Keine Schule, keine Kita, kein Altersheim. Auf dem ganzen Weg.

Analyse gut, Maßnahmen schwach

Manche dieser Organisationen mit diesem Betriebssystem führen als Folge der Veränderungen betriebswirtschaftliche Instrumente ein, um wenigstes rudimentäre Kontroll-, Dokumentations- und Überwachungsfunktionen der erkennbar schlechten Situation leisten zu können. Vor dem Hintergrund der geringen Konsequenzorientierung, der mangelnden Handlungsorientierung, der großen Rücksichtnahme auf individuelle Freiheiten und dem hohen Bedürfnis nach Konsens und Konfliktvermeidung, werden die Systeme oder zumindest die Ergebnisse der Analysen aus den Systemen aber oft so verbogen und weichgespült, dass sie zwar unglaublich aufwendig implementiert wurden und sehr fein granular dokumentieren, aber leider trotzdem oft nur einen sehr eingeschränkten Nutzen produzieren. Und spätestens bei der Ableitung von Maßnahmen kommen die Veränderungsinitiativen dann oft vollständig zum Erliegen.

Mein Förmchen, dein Förmchen

Unterstützt durch den gewährten Freiraum und bei der oft vorhandenen inhaltlichen Motivation zu bestimmten Themenfeldern, ist der Spezialisierungsgrad in solchen Systemen meist sehr hoch. Jede kleine Untergruppierung macht ihr eigenes Thema auf, erklärt sich für etwas ganz Besonderes, mit dem bisher vorhandenen Wissen sei das Fachgebiet kaum verstehbar und daher müsse genau diese Untergruppierung geschaffen, fest etabliert und von allen anderen anerkannt werden. Sie finden diese Effekte nicht nur in den freien Berufen (Ärzte, Rechtsanwälte, Steuerberater), sondern z. B. auch in technischen und ingenieursdominierten Organisationen.

Diese Tendenz zur Parzellierung schafft in Organisationen mit der Führungskultur *Kuschelecke* große weitere Probleme: Es kommt zur Abwertung von Generalisten, zu immer kleinteiligeren Abgrenzungen und zu massiven Verständnisschwierigkeiten untereinander, das Fachchinesisch im Denken und Handeln endet nicht selten in babylonischem Sprachen- und Bedeutungsgewirr. Das wiederum macht Führung („Der hat ja keine Ahnung") und Wissensmanagement (denn das würde ja das kostbare Spezialisten-Know-how entwerten) noch schwieriger.

Weit weg von Dienst-Leistung

Der hohe Wunsch nach Einbezug, das tiefe Verständnis für den Wunsch nach individuellem Freiraum, die geringe Konsequenz-Kultur und die hohe Gewöhnung aller Beteiligten an bürokratische und unterbrochene, langsame, schlecht performante Prozesse, führt in diesem Betriebssystem zu einem häufig verbreiteten sehr geringen Dienstleistungsverständnis. Lange Ablauf- und Wartezeiten sind an der Tagesordnung und Sie müssen sich als Kunde, Antragsteller, Leistungsempfänger oder Patient schon sehr deutlich beschweren, bevor Sie aktiv gehört werden.

Soft-Play und Workarounds

Die Akzeptanz des hohen Wunsches nach individuellem Freiraum und die verbreitete Akzeptanz und Gewöhnung an geringe Performance führt dazu, dass dieses Führungssystem sich unglaublich schwer damit tut, Missstände oder Konflikte anzusprechen und dann auch halbwegs konsequent anzugehen.

Fallbeispiel Druckerei

In einer Druckerei laufen die Anrufe, wenn die Telefonzentrale nicht besetzt ist, im Hausmeisterbüro auf. Eines Tages entscheidet sich der Hausmeister mit albanischen Wurzeln, nicht mehr ans Telefon gehen zu wollen. Warum, bleibt unklar. Er hat nach all den Jahren jetzt einfach beschlossen, dass Telefondienst nicht mehr zu seinen Aufgaben gehört und fertig. Er spricht vernünftig Deutsch, ist ausreichend gut verständlich. Möglicherweise hat er von irgendjemandem schlechtes Feedback oder Kritik bekommen oder hat sich einfach über irgendetwas geärgert. Es bleibt im Dunkeln. Jedenfalls ist er nicht mehr zu bewegen.

Statt ihn nun mit den Konsequenzen seiner Entscheidung zu konfrontieren, dass er möglicherweise seinen Job verlieren könnte, wenn er mit seiner unbegründeten Halsstarrigkeit weiter macht, baut die Kuschelecken-Organisation konflikt-vermeidend einen Workaround um ihn herum.

So wird eben die Auszubildende an den Empfang gesetzt, wenn die Empfangsdame nicht da ist. Die ist weniger hals-starrig und in einer schwächeren Position. Was die Organi-sation nicht sieht: Weil ihr jetzt dort langweilig ist, surft sie die ganze Zeit im Internet und schreibt WhatsApp-Nach-richten. Sie ist eine ganz normale Vertreterin der Millennial-Generation. Was interessant ist, sind ihre Influencer-Vor-bilder auf Insta. Junge Frauen, die Tausende von Followern haben, sich selbst gut in Szene setzen und von Unternehmen mit Produkten zugeworfen werden. Was ihr eigenes Unter-nehmen eigentlich macht, wovon es lebt, wer was im Unter-nehmen macht, welche Verhaltensweisen am Empfang eigentlich wichtig sind, was man eigentlich noch mit erledi-gen könnte, wenn man schon da sitzt und gerade mal keiner anruft – alles vollständig Fehlanzeige.

Es ist aber auch keiner da, der sich verantwortlich fühlt für die vernünftige Einarbeitung bei der Aufgabe, niemand, der kontrolliert, was sie denn gemacht hat und niemand, der ihr Druck macht, wenn der Griff schon wieder zum Handy geht – zum 10. Mal in der halben Stunde.

Sie versteht nicht, dass man etwas schaffen muss, um sich

Auszubildende und Hausmeister überhaupt leisten zu können. Sie sitzt einfach da rum, langweilt sich und bei jeder Frage – egal ob per Telefon oder persönlich: „Das weiß ich nicht, da muss ich mal fragen."

Das Ergebnis: Individuelle Freiheiten siegen über die Notwendigkeiten der Organisation. Wo immer möglich, wird Konflikten ausgewichen bis es gar nicht mehr geht. Irgendwie pfuscht man sich so durch. Zwar immer ein bisschen schlechter, aber naja.

Diplomatie ist die kleine Schwester der Lüge

Da Themen oft nicht offen angegangen werden können, manche Entscheidungen aber trotzdem getroffen werden müssen, entwickelt diese Führungskultur oft viele *Falschheiten*. Die Kommunikation läuft – häufig im starken Gegensatz zu den in diesen Szenen sehr beliebten *Leitbildern* – häufig hinterrücks, es wird eben doch die ganze Zeit übereinander und nicht miteinander gesprochen. Es wird eben nicht mit offenem Visier gearbeitet.

Man redet zwar gerne über kritische Themen, aber selten auch wirklich offen miteinander. Das bleibt dann wirklichen Freundschaftsbeziehungen vorbehalten.

Intransparenz ist eine Folge der mangelnden Konfliktbereitschaft

Da sich jedes Mitglied der Organisation aufwendig und langwierig gegen jedes Thema, das ihm oder ihr gerade nicht passt, sehr effektiv zur Wehr setzen kann (oft sind sehr starke und einflussreiche Personalvertretungen am Werk), bilden sich oftmals *Black Box-Modelle* der Entscheidungsfindung und -durchsetzung.

Es ist dann außerhalb der *Black Box* unklar, nach welchen Kriterien Entscheidungen getroffen werden, bis dahin, dass sogar in der Organisation manchmal selbst nicht klar ist, wer bzw. welche Gremien und in welcher Zusammensetzung diese speziellen Entscheidungen getroffen hat.

Ich habe solche Systeme am Werk gesehen, wenn es z. B. um die Entscheidung ging, wer wohin versetzt werden sollte oder wer wohin rotieren müsse. Da diese Entscheidungen immer mit vielen Konsequenzen für die Positionsinhaber verbunden sind (es gibt eben immer attraktivere und weniger attraktivere Standorte und individuelle Vorlieben, die dann natürlich auch bei den regelmäßig eintreffenden *Nicht-Passungen* zu Unzufriedenheit führten), musste der gesamte Prozess in die komplette Intransparenz verlegt werden. Weder die Entscheider, noch die Kriterien waren in der Organisation bekannt oder nachvollziehbar. Nur so ging es. Ein *Gottesurteil* wurde konstruiert, *deus ex machina* in der modernen Organisation.

„Gute Idee. Machen wir auch nicht."

Die Leistungskultur von Organisationen mit diesem Betriebssystem ist nicht immer besonders ausgeprägt. Das gilt nicht für ganz junge Organisationen oder Start-ups. Hier sind häufig sogar lange Arbeitszeiten an der Tagesordnung, man nimmt sich zu viel vor und versucht, es trotzdem zu schaffen. Phänomene der realen Arbeitsüberlastung und der Selbstausbeutung sind hier zu sehen.

Bei länger etablierten Organisationen mit dem Betriebssystem *niedrige Vertikalität bei hoher Menschenorientierung* liegt die geringe Leistungsorientierung häufig an einer Rückständigkeit in der Realitätswahrnehmung, denn diese Betriebssysteme denken häufig noch in längst vergangenen

Bismarck'schen Kategorien:

„Mitarbeiter bei uns sollen dankbar sein, einen sicheren Job zu haben".
(Führungskraft genossenschaftlicher Einkaufsverbund)

„Wie, die wollen eine Führungskräfte-Schulung? Die letzte hatten wir doch erst vor 10 Jahren. Was soll sich denn bitte seitdem verändert haben?"
(Personalchef Stadtwerk, 2017)

Zu Zeiten von Bismarck war es sehr werthaft, seinen Job nicht verlieren zu können. Menschen waren dankbar, eine feste Stelle zu ergattern, bei der sie möglicherweise zwar schlecht bezahlt, aber eben dafür auch lebenslang alimentiert wurden.

Sie wurden im Gegenzug für diesen Nutzen auf eine Wertewelt verpflichtet. Die preußischen Beamtentugenden wie etwa Aufrichtigkeit, Bescheidenheit, Ehrlichkeit und Fleiß, aber auch Gewissenhaftigkeit, Pflichtbewusstsein und Pünktlichkeit, um nur einige zu nennen, waren Basis des Kontraktes.

Davon ist jedoch heute nicht immer so viel übrig geblieben. Viele Menschen in unseren Wohlstandsgesellschaften haben gar keine Vorstellung davon, was es heißt, in Unsicherheit zu leben.

Die Vorteils- und Nutzenseite wird daher von Menschen in diesen Systemen gerne genommen, die Verpflichtungsseite aber inzwischen manchmal gar nicht mehr so gerne bedient.

Sie wird aber von der Gesellschaft und der Kundenseite inzwischen auch nicht mehr so oft aktiv eingefordert.

Ka Geld – ka Musi

An brauchbarer, extrinsischer Motivation fehlt es in solchen Systemen meist ganz. Oft sind keine variablen Vergütungen oder leistungsbezogenen Gehaltsbestandteile zu finden.

Branchen, deren wirtschaftlicher Erfolg sich auch auf die (Aus-) Nutzung von intrinsischen Motivationen gründet, geraten in Phasen starker Veränderung ordentlich in Bedrängnis.

In der Krankenpflege existierte z. B. jahrzehntelang das äußere und innere Anspruchsbild einer Florence-Nightingale-würdigen Aufopferung für die kranken Menschen. Immer für den Anderen da sein, sich selbst zurückstellen, kaum eigene Bedürfnisse haben. Währenddessen verdienten die Ärzte im Krankenhaus immer besser und die Verwaltung hatte (in der Wahrnehmung der Krankenpflege) zumindest einen weitgehend entspannten Job ohne Schichtdienst, ohne körperliche Belastung und mit festen Arbeitszeiten. Kein Problem, solange die Achtung im Freundeskreis oder gesellschaftlich noch da war.

Wird man als junge Krankenschwester aber im Freundeskreis immer öfter mitleidig bedauert: „Ich geh jetzt aber studieren!", fängt das Unwohlsein natürlich schnell an.

2018 sind alle verwundert, dass sich keine Pflegekräfte mehr finden für ein Berufsverständnis einer Szene von vor fünfzig Jahren. Aber eben ohne die damalige gesellschaftliche Anerkennung. Und mit zu schlechter Bezahlung.

In der Verlagsbranche (und zwar sowohl bei Zeitschriften, als auch bei Buchverlagen) geht gerade das Geschäftsmodell unter anderem auch daran kaputt. Intrinsisch motivierte

Menschen günstig zu bezahlen, war jahrzehntelang für Verlage und Verleger sehr attraktiv. Es fanden sich genug *Überzeugungstäter/innen*, die sich gar keinen anderen Beruf vorstellen konnten und wollten. Viele Produktivleistungen wurden zudem noch von Praktikanten und Auszubildenden, den sogenannten *Volontären*, erbracht. Viele Menschen in dieser Branche akzeptieren auch heute noch – nur um in dem Beruf arbeiten zu können, den sie sich wünschen – mehr oder weniger prekäre Arbeitsverhältnisse.

Wenn der Verlag aber gar nicht mehr der coole Arbeitgeber ist, bei dem sich wegen des interessanten Jobs diese hohe Selbstausbeutung lohnt, ja dann wird es schwierig.

Wenn dann die hohen Freiräume der Vergangenheit nicht mehr möglich sind, weil online eben noch viel schneller geliefert werden muss, wenn im Schichtsystem gearbeitet werden muss, der Tariflohn entfällt und die gewohnten Annehmlichkeiten eben der Vergangenheit gehören, tja was dann?

Das Betriebssystem der Kuschelecke geht davon aus, dass die Mitarbeitenden aus sich selbst heraus motiviert sind, das zu tun, was sie tun sollen.

Oder sich zumindest aus Dankbarkeit für den tollen Job oder aus dem netten kollegialen Betriebsklima heraus ins Zeug legen.

Dass ein Teil der Mitarbeitenden gar nicht so intrinsisch motiviert ist, kann oder will das Führungsbetriebssystem nicht verstehen. Dass es Menschen gibt, die einfach die Vorteile der Führungskultur mitnehmen, ohne eine Gegenleistung zu erbringen – gar nicht vorstellbar.

Und dass sich die Zeiten auf den Arbeitsmärkten gewandelt haben, ist für diese Betriebssysteme ebenfalls schwer zu verstehen. Erst langsam wird verbreitet klarer, dass ein Angebot des sicheren Jobs mit niedrigen Leistungsanforderungen und viel Freizeit bei geringer Vergütung eben nicht für alle Menschen attraktiv genug ist. Vor allem, wenn sie eine vergleichbare Beschäftigung bei besserer Bezahlung haben können.

Analyse schafft die Illusion von Fortschritt

> *„Wir analysieren uns zu Tode."*
> *(Führungskraft in der Verwaltung einer großen*
> *Forschungsgesellschaft)*

Während man sich der Analyse, warum etwas wie ist oder geworden ist, mit Begeisterung widmet, wird häufig erheblich weniger Kraft, Zeit und Geld in Umsetzung und konsequent eingeleitete und durchgeführte Veränderungsmaßnahmen gesteckt. Denn die führen zu Öffentlichkeit, zu Ärger und Widerstand und den will man gerne – solange es irgendwie noch anders geht – vermeiden.

Für den Analyse-Teil der Arbeit werden auch gerne externe Berater oder Institute beschäftigt, während die meist viel nötigere und sinnvollere Umsetzung (die Probleme sind fast immer langjährig bekannt und mehr als offensichtlich) entweder gar nicht richtig begonnen, geschweige denn professionell gemanaged oder begleitet werden.

Wer nichts entscheidet, macht auch keine Fehler.

Es ist in diesen Führungskulturen auch fast immer sehr schwierig, Entscheidungen zu treffen. Zum einen wollen alle einbezogen sein, relativ egal, wie zentral oder peripher sie bei dem Thema sind. Viele Menschen sind hier schnell beleidigt, wenn sie nicht einbezogen werden.

Zum anderen herrscht vielfach Entscheidungsträgheit, weil Verantwortungsübernahme ja nicht incentiviert oder gestärkt, sondern, ganz im Gegenteil, im Falle von Fehlern oder Misserfolgen, schnell sanktioniert wird.

Es macht für Menschen in solchen Arbeitsumgebungen nur bedingt Sinn, über das eigene Gebiet hinaus Verantwortung zu übernehmen und Entscheidungen zu treffen.

Geht alles gut, haben die einzelnen Menschen selbst kaum etwas davon. Sie machen noch nicht einmal schneller oder einfacher Karriere, weil man bei solchen Entscheidungen mit ziemlicher Sicherheit anderen Menschen auf die Füße tritt und die das dann meist nicht gut finden und es möglicherweise an anderer Stelle zurückzahlen, sobald sie können.

Geht aber etwas schief, so ist die Aufregung und *Wellenwirkung* in solchen Kulturen groß. Einerseits sind ja alle gern immer bei allen Themen informiert, regen sich aber besonders gerne auf, wenn etwas schief geht oder ein Misserfolg wird. Und da Menschen in diesen Führungskulturen auch viel Zeit mit Kommunikation und Austausch verbringen können, wenn sie möchten, sind alle auch immer gut informiert. Zumindest bei den wirklich interessanten Themen, z. B. wo was wieder schief gegangen ist. Oder wer woran gescheitert ist.

So entwickeln sich die stark ausgeprägten misserfolgsmeidenden Aspekte der Kuschelecke.

Es wäre ja auch sehr langweilig, könnte man nicht ab und an über Menschen und Themen schön lästern.

Die umgekehrte Pyramide

Melden macht frei!
(Beliebte Bundeswehr-Regel)

Die häufig schwachen Umsetzungsleistungen solcher Betriebssysteme liegen auch in unklaren Zuständigkeiten und fehlenden oder unklaren Verantwortlichkeiten begründet. Nicht selten sind mehrere Stellen mit einem Projekt befasst oder fühlen sich zuständig. Die müssen nicht immer etwas voneinander wissen oder sich gut abstimmen. Gerne wird aus der Mitte der Organisation die Verantwortung für problematische oder möglicherweise Ärger auslösende Themen nach oben abgeschoben. Das führt dazu, dass sich die obere Führungsebene häufig mit Themen beschäftigt, die eigentlich in der Mitte der Organisation hätten angesiedelt oder entschieden werden sollen.

Ich habe Vorstandsmeetings einer Bausparkasse mitbekommen, bei denen sich die Vorstände um einzelne Finanzierungs-Entscheidungen für Hypotheken im unteren 100 Tsd. Euro Bereich stritten. Als Berater sitzt man dann dabei und stellt sich unwillkürlich zwei Fragen:

1. Wann kommt ihr denn zu eurem eigentlichen, dem strategischen Job?

2. Was machen eigentlich die restlichen 3997 Menschen gerade, wenn ihr deren Job macht?

Ergebnis: Da liegen sie dann, die brisanten Themen. Oft Wochen, manchmal auch Monate.

Der Gedanke aus dem Harzburger Modell (ab 1966): „Gib die Lösung zur Kompetenz der Probleme auf die Ebene, wo die

Probleme anfallen", ist in vielen dieser Organisationen nicht wirklich umgesetzt. Häufig sind es gar keine Qualifikationsthemen, warum Menschen die Entscheidungen nicht übertragen werden, sondern formale oder Haftungsgesichtspunkte.

Misstrauen führt

Die Menschen in solchen Kulturen könnten häufig mehr, wenn man sie ließe. Und – wenn man sie auch wirklich für ihre Entscheidungen verantwortlich machen würde. Stattdessen müssen sie die Entscheidung an einen Prozess, einen Vorgesetzten, ein Gremium oder eine Instanz abgeben und irgendwann gewöhnen sie sich daran. Sie finden das dann – je nach persönlicher Disposition – auch ganz angenehm. Manchmal geben sie dann nicht nur die Verantwortung, sondern auch gleich die ganze Aufgabe ab. Das Chance-/Risiko-/potenzielles Ärger-Verhältnis stimmt ja sowieso nicht.

Sankt Bürokratius und sein Helfer, der selige Zentralismus

Die Führungskultur *niedrige Vertikalität/hoher Anstand* tendiert häufig dazu, viel zu komplexe, zu bürokratische Abläufe und Prozesse zu entwickeln, die dann natürlich in der Praxis kaum noch lebbar sind.

Das liegt zum einen an einem in solchen Strukturen manchmal noch verbreiteten, misstrauischen Menschenbild (Typ X), zum anderen aber auch daran, dass gerne *perfekte* Lösungen gebaut werden, die dann natürlich sehr detailorientiert und aufwendig sind. Jeder noch so seltene Teilprozess muss beschrieben, dokumentiert, jeder Ausnahmefall geregelt sein. Jede Untergruppierung muss in der Konzeption und bei der Realisierung solcher Systeme beteiligt werden.

Im Alltag führt das dann zu sehr vielen und oft auch unnötigen Schnittstellen und gerne zum *Antrag auf den Antrag auf Erteilung eines Antragsformulars zur Bestätigung der Nichtigkeit des Durchschriftexemplars,* um einen Liedtext von Ulrich Roski zu zitieren.

Organisationen mit diesem Betriebssystem ergeben sich oft in Orgien verwaltenden Over-Kills, insbesondere wenn sie im Kern – bedingt durch ihren eigentlichen Aufgabenbereich – eigentlich wenig Kompetenz in den Themen *Verwaltung*, *Betriebswirtschaft*, *Prozesse* oder *Bürokratieaufbau* haben.

So werden – gerade wenn versucht wird, diese Regelungswut in der EDV abzubilden – häufig hydra-ähnliche, unsteuerbare Ausgeburten der Bürokraten-Hölle erfunden, die natürlich weder bedien- noch beherrschbar sind. Ich habe Organisationen gesehen, die an der Verbiegung von SAP auf ihre verworrenen Prozesse fast zugrunde gegangen wären – wären sie nicht alimentiert und als solches unsterblich gewesen.

Prozesse? Davon halte ich nichts.

Diese überbordenden Bürokratien werden dann natürlich von vielen Mitgliedern der Organisation selbst auch nicht wirklich ernst genommen und folglich auch umgangen oder – verdeckt oder sogar offen – boykottiert. Man sieht das immer wieder an solchen Themen wie Qualitätsmanagement, Zertifizierungen, Auditierung etc. Ein paar innerlich Überzeugte versuchen es, arbeiten sich daran ab und die große Masse ist indifferent und träge.

Erst hört man gar nichts, dann muss alles sofort sein.

Manchmal tendieren solche Organisationen auch zu solch

hanebüchenem Schwachsinn, dass es schon wieder lustig ist.

Beispiel:

In einem (sicher als solchem sehr sinnvollen ökologischen) Projekt *More Green* sollte für die Sensibilisierung der Abschaffung von Leuchtstoffröhren und Umstellung auf LED Beleuchtung innerhalb der Organisation geworben werden. Da die Per-formance der vorherigen bürokratischen Abstimmung über den Fragenkatalog an die Mitglieder der Organisation wie üblich deutlich hinter dem Zeitplan herhinkte, blieben bis zur Präsentation der Ergebnisse vor dem Vorstand nur wenige Tage. Die per E-Mail geäußerte Bitte an alle 300 Führungskräfte der Organisation lautetet dann: „Bitte zählen Sie bis morgen Abend alle Leuchtstoffröhren Ihres Verantwortungsbereiches und melden Sie die Zahl umgehen an die Zentrale." Für Verantwortungsbereiche mit bis zu 60, zum Teil mehrstöckigen Liegenschaften in zum Teil vielen hundert Kilometern Entfernung voneinander, sicher ein ambitioniertes Unterfangen.

Da sich die Mitglieder solcher Organisationen aber häufig lange und gut kennen, können viele Menschen ihre Ziele auch auf den Abkürzungswegen der informellen *Parallel-Organisation* erreichen. Das führt dann zu noch geringerer Einhaltung der formal definierten Prozesse und zur Vergrößerung des latenten Chaos.

Im Falle des obigen *Green*-Projekts wurde interessanterweise die Angabe *761 Leuchtstoffröhren* verwunderlich und unerklärbar häufig an die Zentrale gemeldet.

Das Personal-Portfolio

A-Performer hire A Performer,
B-Performer hire C-Performer.
(Aus den USA)

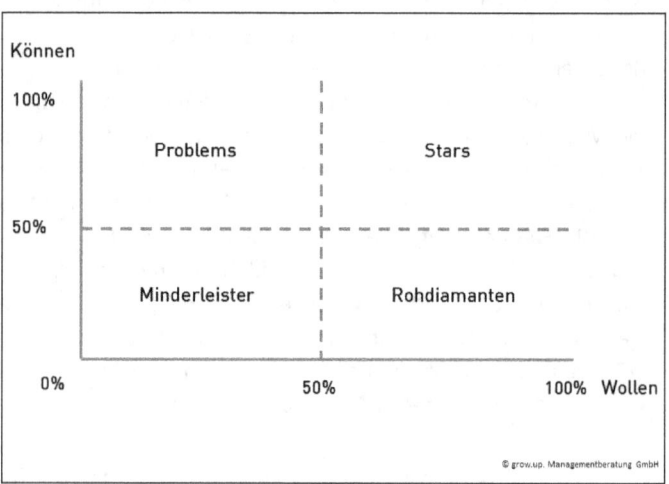

Abb. 2: Das Mitarbeiterportfolio

Exkurs: Das Mitarbeiterportfolio

Das Koordinatensystem des Mitarbeiterportfolios auf Abb. 2 beinhaltet zwei wesentliche Aspekte des Leistungsverhaltens von Mitarbeitenden in Organisationen. Auf der X-Achse finden Sie die Elemente wie Motivation, Interesse, Involviertheit und auch Engagement. Wir fassen diese Aspekte unter dem Begriff *Wollen* zusammen. Auf der Y-Achse finden Sie die Elemente wie Qualifikation, Ausbildung, Kompetenz und Erfahrung. Diese Achse ist mit dem Begriff *Können* bezeichnet.

Des Weiteren haben wir eine Einteilung von Mitarbeitenden in verschiedene Performance-Gruppen vorgenommen.

Im oberen rechten Quadranten befinden sich die *Stars*, Mitarbeitende, die Können und Wollen. Das sind die Guten, die, die wir alle haben wollen. Sie sind hinsichtlich ihrer Kompetenzen für die zu bearbeitenden Aufgaben sehr gut aufgestellt und bringen gleichzeitig auch eine sehr hohe Motivation und Verantwortungsbereitschaft mit. Sie sind erfahren und kompetent in der Sache und zeigen gutes Commitment für das Projekt und das Thema, idealerweise auch zur Organisation.

Diese Mitarbeitenden, im Portfolio sind sie als *Stars* gekennzeichnet, streben in der Regel nach Mitgestalten, Verantwortungsübernahme, Eigenständigkeit und Herausforderungen.

Im zweiten Feld des Portfolios finden Sie die Mitarbeitenden (*Rohdiamanten* oder auch fleißige *Arbeiter*), die hinsichtlich ihrer Motivation auch sehr interessiert daran sind, eigenständig und selbstverantwortlich zu agieren. Im täglichen Handeln fällt jedoch häufig auf, dass sie dies nicht im gleichen Umfang wie die Mitarbeitenden aus dem Feld *Stars* schaffen.

Dies mag daran liegen, dass sie noch neu, jung und unerfahren in ihrer Aufgabe sind und sich erst noch erfahrungs- und kompetenzmäßig entwickeln müssen. Oder es liegt daran, dass sie hinsichtlich ihrer fachlichen Kompetenzen schon heute die Aufgaben ausüben, die ihre Potenziale bereits ausschöpfen.

In dem Feld *Minderleister* finden Sie die Mitarbeitenden, die weder von ihrem Kompetenzspektrum noch von ihrer Eigenmotivation so aufgestellt sind, dass sie gerne viel leisten, sich einsetzen, eigenverantwortlich und selbstständig agieren. Sicher kann man auch hier hinterfragen, was die Ursache für das Verhalten des Mitarbeitenden ist. Häufig ist es aber notwendig, dafür zu sorgen, dass durch eine Veränderung der Rolle und der Aufgaben, also einer Repositionierung, wieder der Weg in die rechte Hälfte des Koordinatensystems möglich wird.

Rohdiamanten – viel Wollen bei noch geringem Können – helfen Ihnen bei der Bewältigung der vor Ihnen liegenden Aufgaben noch nicht viel und brauchen – bei heutzutage manchmal geringer

Akzeptanz der eigenen Ausbildungs-Notwendigkeit und dann auch noch gerne hoher Selbstüberzeugung – viel zu lange, bis sie in den sich schnell verändernden Organisationswelten halbwegs brauchbar einsetzbar sind.

In dem Feld *Problems* finden Sie die Mitarbeitenden, die aufgrund einer aktuellen Motivationskrise in ihrer Leistungsfähigkeit eingeschränkt sind. Grundsätzlich können diese Mitarbeitenden ursprünglich aus dem Feld der *Stars* oder *Rohdiamanten* kommen. Hier gilt es, möglichst schnell zu klären, welche Ursachen die Demotivation hat und die Motivation wiederherzustellen, um die Mitarbeitenden wieder voll einsatzfähig und bereit für Verantwortungsübernahme und Selbststeuerung zu machen. Wenn das nicht gelingt, müssen Sie sie schnell aus dem Spiel nehmen, denn demotivierte, frustrierte *Problems* wirken mit ihren Äußerungen und Einstellungen häufig infektiös.

Auf dem Hintergrund der Konfliktscheu und nicht vorhandener Durchsetzungsinstrumente sind Organisationen, die in der Kuschelecke angesiedelt sind, fast immer sehr sanft im Umgang mit Low-Performern und Problems, d. h. es wird viel zu lange Rücksicht genommen, weggeschaut und in Passivität verharrt.

Obwohl Zuarbeiten von schlecht leistenden Mitarbeitenden manchmal als mangelhaft bewertet werden oder ganz ausbleiben, ist oft keine Verbindlichkeit von kritischem Feedback gegeben und es fehlt fast immer das Aufzeigen von Konsequenzen. Das fehlt nicht ohne Grund: Konsequenzen wären eben doch nicht, oder nur mit größter Mühe, dauerhaftem Dranbleiben und selbst dann auch nur mit viel Glück durchzusetzen.

Oft wird den schwachen Leistungen auch noch lange hinterher gelaufen, was dann wiederum den Aufwand und den Belastungsgrad für die Leistungsträger unter den Kolleginnen und Kollegen und den Führungskräften erhöht.

Die Mitbestimmungsgremien in solchen Organisationen sind meist sehr stark, was die Konsequenz im Umgang mit Schlechtleistern auch noch reduziert.

Das ganze System wird durch die Rücksichtnahme gegenüber schlechter Leistung immer schlechter skalierbar und noch schwerfälliger. Wenn dann – aus welchen Gründen auch immer – phasenweise mehr Leistung gefordert wird, wird eher *mehr vom Gleichen* versucht und so kommen alle unter Druck.

Das führt dann zu der in solchen Systemen fast unisono geäußerten, gefühlten hohen Belastung und dem permanent empfundenen Zeitmangel.

Eine Flexibilität, in solchen Belastungs-Situationen Prozesse anzupassen oder auch endlich mal *alte Zöpfe* über Bord zu werfen, ist kaum vorhanden.

Beispiel:

In vielen Krankenhäusern unseres Landes tragen examinierte Krankenschwestern dreimal am Tag Essen aus. So weit, so schlecht, denn die früher in solchen Einrichtungen durchaus verbreitet eingesetzten Küchen- oder Stationshilfen fielen in vielen Häusern einer der vielen Rationalisierungswellen der letzten 20 Jahre zum Opfer.

Wenn man den Prozessablauf beobachtet, kann man oft Folgendes feststellen: Patienten sitzen (mit oder ohne Infusion) im Aufenthaltsraum. Zur Essenszeit machen sie sich dann auf den Weg ins Zimmer, denn das Essen wird an das rollbare Nachttischschränkchen ans Bett serviert, an dem dann auch häufig gegessen wird. Nicht selten muss danach zumindest teilweise das Bett neu bezogen werden, weil kleinere Unglücke beim Essen im Bett fast unvermeidlich sind.

Ein ganzer Teil der Patienten könnte problemlos in die hauseigene Kantine gehen. (Sie saßen vor dem Essen ja auch im Aufenthaltsraum.) Fragt man die Pfleger und Schwestern, warum das so gemacht wird, bekommt man nicht selten zu hören: „Weil es schon immer so war".

Führungskräfte tendieren in dieser Kultur noch stärker als in den anderen dazu, die Leistungsträger zu überlasten (weil sie die anderen häufig mangels geeigneter Führungs- und Steuerungsinstrumente bereits abgeschrieben haben), was bei denen dann zu Überforderung und Tendenzen zum Burnout führt. Daraus resultiert meist eine schwierige und oft als ungerecht empfundene Arbeitsverteilung.

Ein Mitarbeiteraustausch ist oft aber kaum möglich oder gewünscht. Schlechtleister werden häufig extrem lange mitgeschleppt, was dann verständlicherweise zu starker Frustration bei den Leistungsträgern führt.

Die hohe Akzeptanz von mangelhafter Performance, der Wunsch, die persönlichen Freiheiten beizubehalten und die schlichte Gewöhnung an die seit Jahren (oder Jahrzehnten) ähnlichen Zustände, führen zu einem weit verbreiteten Unverständnis, wenn dann mal etwas verändert werden soll und auch zu starker Unwilligkeit, wenn tatsächlich Anstalten gemacht werden, dass wirklich etwas verändert wird.

Hier kommen dann die negativen Auswirkungen der geringen Handlungsorientierung dieser Kulturen zum Tragen: Es wird sehr viel Zeit mit Abstimmung und Beschäftigung mit sich selbst verbraucht. Gerne werden dann auch die guten informellen Beziehungen und entsprechende Gremien zum Blockieren von Veränderungen und notwendigen Anpassungen eingesetzt.

Negative Publicity scheuen Führungskräfte solcher Organisationen aber sehr, weshalb dann wiederum die Bereitschaft, Veränderungen auch gegen Widerstände durchzusetzen und dadurch in den Blick einer wie auch immer gearteten Öffentlichkeit zu geraten, meist sehr gering ist.

Eltern können alle Probleme solcher Führungskulturen im deutschen Schulsystem sehen: Seit Jahrzehnten fehlen vor Ort Lehrer an allen Ecken und Enden. Viele Lehrer fallen immer wieder durch Krankheiten aus. In Schnellkursen werden Hilfspädagogen herangezogen. „Plötzlich ist man Grundschullehrerin", (so eine Interviewte im ARD MoMa am 08.08.2017).

Zustände wie in schweren Zeiten: *Kriegsabitur* gab es auch schon einmal. Der ganze Mangel wird auf dem Rücken derjenigen ausgetragen, die sich nicht wehren können: Schüler, Eltern und am Ende die Gesellschaft, die mit diesen zu schlecht ausgebildeten, für die anspruchsvollen Berufe von Morgen nicht entsprechend qualifizierten Menschen zurechtkommen müssen.

In den darüber liegenden Aufsichtsbehörden, sowohl auf städtischer als auch auf Landesebene, fehlen jedoch oft deutlich weniger Mitarbeitende. Die besuchen – gerne auch mal überraschend – alle Nase lang mit ihrem jeweiligen Spezialthema die Schulen vor Ort und erklären den immer verzweifelter ausharrenden Idealisten dort, wie es aus ihrer Sicht laufen sollte und entschwinden danach häufig wirkungsfrei zurück in ihr schönes Bürokratie-Biotop.

Besonders schwer tun sich solche Betriebssysteme mit tiefergehenden oder unangenehmen Veränderungen:

Beispiel:

Der (mehrfach fusionierten) Krankenkasse laufen die Mitglieder davon.

Da kommt der Vorstand auf eine kluge Idee: Mitarbeitende werben neue Mitglieder! Wie bei einem Strukturvertrieb haben nun alle Mitarbeitende das Ziel, *Zwei neue Mitglieder pro Jahr* anzuwerben.

Klappt natürlich vorne und hinten nicht.

Der Familien- und Freundeskreis ist schnell abgegrast.

Macht nichts.

Werden eben Vertriebler eingestellt. Sollen die es doch richten.

Klappt natürlich auch nicht.

Eine Krankenkasse versteht vom Vertrieb so viel wie ein Finanzamt.

Also holt man als Führungskraft gerne jemanden von außen. Der arbeitet sich an der Organisation ab, verschwindet nach zwei bis drei Jahren oder stellt seine Bemühungen stillschweigend ein.

Am Ende des Tages schwinden die Mitglieder weiter, aber die teuren und unwirksamen Vertriebler sind auch noch da.

Der Mangel wird immer besser controlled, dokumentiert, analysiert und verwaltet. Aber nicht abgestellt. Keinem Menschen wird in die Freiheiten seines Verhaltens nachhaltig eingegriffen.

Wir haben in solchen Organisationen Krankenstände von stellenweise über 25 Prozent über Jahre gesehen. (Richtig gelesen: Mehr als ein Viertel der (öffentlich-rechtlichen) Belegschaft in diesen Organisationsteilen wurde zwar durchgängig bezahlt, war aber durchgängig nicht da, ohne dass irgendjemand der Verantwortlichen dies als Anlass zu Handlungen nahm.)

Gerade in Organisationen, die sich verändernden Werte-Welten ausgesetzt sehen, steigt dieser Wert meist stark an.

Übrigens: Verantwortliche in Mittel- und Oberbehörden denken immer noch, dass es eine gute Idee ist, z. B. Lehrer oder Fachhochschulprofessoren zu verbeamten, weil das auf kurze Sicht betrachtet günstiger scheint. Diese Denke ist möglicherweise sehr kurzsichtig.

Viele Menschen aus einer immer stärker individualistisch orientierten Wohlstands-Welt nehmen Vergünstigungen wie Verbeamtungen gerne mit. Ihren Deal dagegen, nämlich der Verpflichtung auf eine Wertewelt, die Elemente wie *Treue gegenüber dem Dienstherrn* (ich trau mich schon kaum noch, so etwas zu schreiben) stehen viele Beamte heutzutage aber doch deutlich lockerer gegenüber.

Die Frühpensionierungs-Raten von Lehrern und die Krankenstände von Behörden und auch ehemaligen Staatsbetrieben sprechen z. T. deutliche Sprachen.

Übrigens: Ich glaube wirklich, dass sich die Menschen krank fühlen oder krank sind. Die Frage an die Unternehmens- und Führungskultur ist: Warum waren sie das früher nicht und was müssen wir heute tun?

Weil in solchen Kulturen viele Themen eben nicht zu managen sind, weil man dafür an bestimmten Stellen konsequent sein müsste und Klartext oder die Trennung von lieb gewordenen Privilegien gefragt wäre, gibt es überall einen hohen **Hang zum Outsourcing**.

Themen, die unangenehm, lästig oder konfliktär sind, werden dabei ganz besonders gerne an Dienstleister vergeben.

Beispiel Krankenhaus:

Ein städtisches Krankenhaus vor 30 Jahren: Zwei festangestellte Damen, die für Reinhaltung pro Station zuständig sind. Die Identifikation und der Stolz auf die eigene Arbeit sind hoch. Sonntags wird nicht geputzt.

Dasselbe Krankenhaus vor 20 Jahren: Nur noch eine Dame pro Station. Die Überlastung beginnt und die Qualität lässt nach.

Auf die entsprechende Frage des Stationsleiters: „Nö, cleanen (eine besondere von Zeit zu Zeit notwendige Form der Grundreinigung bei diesen Böden) machen wir nicht mehr. Keine Zeit." Samstags und sonntags wird nicht geputzt.

Dann die Lösung aller Probleme: Outsourcing.

Die eine Putzfrau wird vom Outsourcing-Unternehmen noch kurzzeitig übernommen, ist aber dann schnell nicht mehr da.

Jetzt kommt fast jeden Tag ein neuer Kollege oder eine neue Kollegin, oft auch mit Migrationshintergrund.

Kein Problem – aber die Einarbeitung klemmt doch etwas. Und auch die Identifikation und der Stolz auf die eigene Leistung.

Zugehörig zur Station und dem Krankenhaus fühlt man sich auch nicht, man wird ja schließlich auch andauernd woanders eingesetzt.

Leider klemmt oft auch das tiefere Verständnis für die Desinfektionsnotwendigkeiten und die ganz praktische Dosierungsanleitung im Alltag.

In Deutschland sterben jedes Jahr über 40 Tsd. Menschen durch multiresistente Krankenhauskeime.

Egal – der Dienstleister unterschreibt schließlich, dass alle Regularien eingehalten werden.

Nur die Keime, die unterschreiben eben nichts.

Ein erfolgreicher Verlag kommt in die Jahre und auch an interne Wachstumsgrenzen. Eine gewisse Unzufriedenheit mit internen Dienstleistern – insbesondere der IT – hat eine lange Tradition.

Der neue kaufmännische Leiter hält Outsourcing für das Mittel der Wahl. Es findet sich ein lokales Unternehmen, das die komplette IT-Abteilung übernimmt und zukünftig den Verlag mit IT-Services versorgt.

Allerdings: Mit einer gewissen Rückfahrkarte. Wenn Menschen so gar nicht passen, sollen sie wieder – wie vorher – für den Verlag arbeiten.

Und so geschah es. Nach einem Jahr waren drei der fünf vorher outgesourcten Mitarbeiter wieder beim Verlag. Und machten IT. Wie vorher, nur etwas kleiner. Aber jetzt mit outgesourcter IT-Organisation. Also teurer. Und starrer. Und unpersönlicher.

Das ist nicht so selten, wie Sie vielleicht jetzt denken mögen. Auf dem Hintergrund der starken Sozialpartner können die Menschen in solchen Organisation meist nicht reduziert werden und so baut man eben eine doppelte Struktur auf.

Eine, die nur überwiegend qualitätsüberwachende Steuerungs- und Kontrollaufgaben hat und den agierenden, im Laufe der Zeit immer mehr Aufgaben übernehmenden, outgesourcten Dienstleister.

Besonders schöne Blüten dieser Inkonsequenz-Kultur kann man bei der Sicherheitskontrolle an Flughäfen täglich sehen. Der Prozess selber könnte – müsste ihn ein nachdenkender Mensch bezahlen – locker mit der Hälfte bis einem Drittel des agierenden Hilfspersonals auskommen. Da aber niemand an einer Optimierung Interesse hat (der outgesourcte Dienstleister nicht, die entspannte Überwachungsorganisation auch nicht, dem Staat ist es auch egal, er erhebt einfach mehr Steuern) und weil die Wartezeiten ja auf dem Rücken von Menschen, die durch dieses Tor durch müssen, ausgetragen werden, stehen trotz immer teureren und anfälligeren Scannern immer noch gleich viele Menschen, die irgendwas (und oft eben auch gar nichts) machen, herum.

Gefährliche Extremformen

Wen die Götter vernichten wollen,
dem schicken Sie 30 Jahre Erfolg.
(griechisch)

Zu ungesunden Überhöhungen der Kuschelecke kommt es, wenn ein Unternehmen lange Jahrzehnte sehr erfolgreich ist. Dann tritt fast vorhersehbar und zwangsläufig Lähmung ein.

Häufig betrifft diese Erstarrung Organisationen, die sich am Ende einer betriebswirtschaftlichen *Fresskette* befinden und bei denen die Wertschöpfung überwiegend nicht von den handelnden Personen, sondern vom Geschäftsmodell und darin meist auch nur von einigen wenigen Personen oder Personengruppen geschaffen wird.

Wenn der Markt ein bisschen schwieriger wird, werden eben einfach kurzerhand die Preise angepasst – und schon passt es wieder. Häufig haben allerdings die Mitglieder, Nutzer oder Leistungsempfänger keine wirkliche Alternative oder nur solche, die mit gravierenden Nachteilen für sie verbunden sind.

Nicht nur der öffentliche Dienst oder dem öffentlichen Dienst nahestehende Organisationen wie Stadtwerke, Wasserwirtschaftsverbände oder auch Krankenhäuser, sondern z. B. auch Verlage, Versicherungen oder Pharmaunternehmen sind für diese Art der inneren Verkalkung sehr anfällig.

Die bürokratisch-planwirtschaftliche Orientierung bringt fast alle Menschen in solchen Systemen dazu, irgendwann aufzugeben.

Beispiel Stadtverwaltung

Ein öffentliches Toilettenhäuschen soll nach Jahren der Schließung wegen Sanierungsbedarf nun endlich saniert werden.

Die junge, motivierte, frisch gebackene, städtische Architektin inspiziert das Pissoir und schätzt ca. 4.000 Euro Kostenaufwand.

Ihr Chef, ein Bürokrat, jahrzehntelang auf derselben Stelle, fragt: „Und das Dach?"

Architektin: „Das ist noch in Ordnung."

Der Chef: „Und das Dach?"

Die Architektin: „Ist wirklich noch in Ordnung!"

Der Chef: „Und nun wirklich: Das Dach?"

Die Architektin: „Na ja, wenn wir das Dach machen sollen, kommen sicher nochmal 7.000 Euro dazu."

„Sehen Sie, und fünfstellig dürfen wir nicht machen. Da muss ein Landesentscheid her. (Das überforderte Städtchen steht unter der Zwangsverwaltung des Landes. Scheinbar arbeiten noch viel mehr Menschen die so denken hier). Und den kriegen wir ganz sicher nicht", sagt der Chef ganz entspannt.

Damit ist das Thema für ihn erledigt. Und die Arbeit auch.

Und die junge Architektin zum ersten Mal restlos frustriert.

Während am Anfang des Berufslebens bei vielen jungen Menschen noch idealistische und systemverbessernde Einstellungen zu finden sind, weichen die schnell einer angepasst-defensiven *Ich kann ja doch nichts ändern*-Haltung.

Die Menschen leben dann einfach in der Mangelverwaltung ihrer überforderten Bürokratie. Es wird – und das ist sicher gute Sitte in Verwaltungen seit Menschengedenken – nicht die Realität, sondern die Abbildung der Realität bei unliebsamen Zahlen verändert.

Beispiel Schulsystem I

Nicht nur die Praxis, die Langzeitkranken (also Menschen, die dauerhaft nicht da sind) in den Stellenplänen voll mitlaufen zu lassen (Zaubertrick: *Papier-Gesundung*) ist gang und gäbe. Das Kultusministerium in Sachsen-Anhalt kam Anfang 2016 auf eine besonders interessante Idee statistischer Tricks:

Die Referendare (also die Auszubildenden im Schulsystem) wurden einfach als voll einsetzbare Lehrerinnen und Lehrer gerechnet. Plötzlich gab es an vielen Schulen etwa 1,8 Stellen zu viel. Da 1,8 Lehrer so schlecht zu verteilen sind, sollten dann eben gleich zwei – zwar nicht vorhandene, aber durch statistische Tricks herbeigezauberte – junge Lehrerinnen und Lehrer an solche Schulen, die noch desaströser als der Durchschnitt dastanden, abgegeben werden.

Ich mach mir die Welt, wie sie mir gefällt. Pippi Langstrumpf hätte ihre reine Freude.

Da passt es natürlich prima ins Bild, wenn die Vorsitzende der Lehrer-Gewerkschaft Erziehung & Wissenschaft für ein Streikrecht für Beamte eintritt. Weil es ein Urteil des obersten EU-Gerichtshofs gibt, dass Beamten ein Streikrecht nicht vollständig verwehrt werden könne.

Nicht, dass sich die Beamten von heute früher in ihrem Leben einmal ganz bewusst für die Annehmlichkeiten des Beamtenlebens frei entschieden hätten, dass sie sich freiwillig zu besonderer Treue und Verpflichtungen gegenüber der Rolle bei möglicherweise etwas geringerer, dafür aber lebenslanger Alimentierung verpflichtet hätten.

Auf den Vorwurf der Rosinenpickerei, das Beste aus beiden Systemen haben zu wollen, vom Redakteur eines Nachrichtenmagazins angesprochen, meint sie: „Beamte werden von ihren Dienstherren durchaus *nach Gutsherrenart* behandelt und man muss jetzt endlich mal *auf Augenhöhe* kommen." 2018. Nicht 1871. (n-tv am 15.01.2018)

Beispiel Straßenbaubetrieb

Ganz Deutschland regt sich seit Jahren über die gefühlt nicht enden wollenden Autobahnbaustellen auf, auf denen – jeden Tag für Autofahrer deutlich sichtbar – überwiegend niemand arbeitet, schon gar nicht nachts.

Im Herbst 2017 kam das ARD Morgenmagazin auf eine eigentlich sehr einfache Idee: Es installierte Kameras und überwachte mehrere solcher Dauerbaustellen mehrere Wochen. Nach der Auswertung, die meist im hohen mehrstelligen Prozentbereich nicht sichtbare Aktivitäten auf der Baustelle erbrachte, zeigten es die Ergebnisse der verantwortlichen Landes-Organisation.

Eine Dame – offensichtlich eine verantwortliche Führungskraft – nahm die Ergebnisse im Fernsehen entgegen, zeigte sich öffentlich ratlos und auch offensichtlich verwundert, dass über 90 Prozent der Beobachtungszeiten niemand dort arbeitete. Sie machte in diesem Interview allerdings nicht den Eindruck, Baustellen aus eigener Anschauung zu kennen.

„Ja", stimmte sie zu. „Fünf Monate für solch eine kleine Baustelle. Das kommt mir auch wirklich lange vor".

Ein typisches Produkt einer Bürokratie-Umgebung. Sehr weit weg von den Problemen der Nutzer, Steuerzahler oder der Kunden.

Beim öffentlichen Dienst sind die Gründe für personelle Miseren und Missmanagement klar: Leistung ist keine Voraussetzung für die Entlohnung und Performance keine Voraussetzung für Beförderung.

Beispiel Schulsystem II

Im März 2018 sind in Schleswig Holstein mehr als 340 Schulleiterstellen unbesetzt, zum Teil bereits seit mehreren Jahren.

Schulleiter zu sein ist eine Rolle, die kaum Nutzen und viel Ärger einbringt.

Ärger mit immer anspruchsvolleren Eltern, die der Institution Schule und der Professionalität von Lehrern insgesamt und ihrer Einschätzungsfähigkeit bezüglich der weiteren schulischen Entwicklung ihres Nachwuchses immer weniger vertrauen.

Dafür sind sie aber auf immer breiterer Front davon fest überzeugt, dass ihr (viel häufiger als früher) einziges Kind unglaublich begabt und − wenn sich für diese Sichtweise wirklich nicht genügend Belege finden − wenigstens hochsensibel ist.

Eine Nicht-Empfehlung, die gymnasiale Oberstufe zu besuchen, endet heute auch schon mal mit dem Besuch des Anwaltes.

Wenn Eltern gerade nicht vorstellig sind, dann sind es häufig Kolleginnen oder Kollegen aus der übergeordneten Verwaltung der städtischen Schulaufsichtsbehörde, die interessante Ideen zur Vor-Ort Umsetzung der Themen Inklusion und Integration ohne mehr Personal einsetzen zu müssen, verbreiten.

Natürlich gibt es auch noch auch nervige Kinder − nach übereinstimmender Aussage vieler Pädagogen sind die aber häufig das geringste Problem im Berufsalltag. Nerviger können da schon manche Kolleginnen und Kollegen sein, die die Freiheit ihrer Selbstbestimmung den kollektiven Erfordernissen des Kollegiums oder der Schule nicht unterordnen wollen und nur schwer in eine gemeinsame Richtung zu bekommen sind.

Ob es nun der Hausmeister ist, der bestimmte Aspekte seiner Tätigkeit so gar nicht mag und daher prima darüber hinwegsehen kann oder die Kolleginnen und Kollegen der Personalvertretung, bei denen genau das Gegenteil der Fall ist, egal. Beide Gruppen kosten viel Zeit und Energie.

Leider sind im Laufe der letzten Jahrzehnte nicht nur die Bereitschaft, Autoritäten mit mehr Erfahrung oder besserer Ausbildung zu folgen, sondern auch die Gestaltungs-, Durchgriffs- oder Konsequenzmöglichkeiten von Schulleitungen immer mehr abgebaut worden.

Immer mehr Menschenorientierung und *Anstand* bis hin zum *Laissez-faire,* bei immer geringer werdender Vertikalität. Es geht also immer weiter hinein in die Kuschelecke.

Und – sehen Sie, warum es keine Bewerbungen für offene Schulleiterposten gibt?

Leider sind die verantwortlichen Menschen aus übergeordneten Behörden oder der Politik, die etwas daran verändern könnten, zu allem Unglück für ihre Tätigkeiten auch oft noch schlecht ausgebildet.

Das einzige, was ihnen einfällt, ist, das Gehalt zu erhöhen. Das geht auf den ersten Blick auch am schnellsten.

Die Zwei-Faktoren Theorie von Herzberg

Mit ein wenig Kenntnis der Zwei-Faktoren-Theorie der Motivation von Frederick Herzberg (1959) wüssten sie allerdings, dass das fast gar nichts bewirken wird.

Herzberg postulierte zwei grundlegend verschiedene Einflussfaktoren auf die Motivation und Einsatzbereitschaft von Menschen.

1. Die notwendigen Aspekte, die aus der Tätigkeit selbst heraus bzw. innerhalb der Tätigkeit glücklich machen. Bei Lehrern ist das üblicherweise das Unterrichten, die Freude an der Entwicklung junger Menschen und aktiv dabei zu unterstützen, dass diese sich ein eigenständiges und selbstbestimmtes Leben aufbauen. Aber auch die Beschäftigung mit dem Fach zählt bei Lehrern zur intrinsischen Motivation. Diese *Motivatoren* sind notwendig, um sich anzustrengen und langfristig zufrieden mit einer Tätigkeit sein zu können.

2. Die zusätzlichen Aspekte, die die Tätigkeit angenehm machen, nennt Herzberg *Hygienefaktoren*. Das sind Aspekte, die selbst keinen hinreichenden, aber einen förderlichen Effekt auf die Motivation ausüben. Sie sollten vorhanden sein, um eine Zufriedenheit mit der Tätigkeit zu empfinden. Je nach persönlicher Motivstruktur sind das: gutes Teaming im Kollegium, Statusgesichtspunkte durch den Titel oder auch die Vermeidung von Ängsten, die verhindern, sich auf ein unbekanntes Territorium zu bewegen und Mann oder Frau deshalb das ganze Leben lieber in der Schule verbringt. Das eigene Büro oder die Zuarbeit durch eine Assistenz sind auch hier anzusiedeln. Ein vernünftiges oder zumindest vernünftig gepflegtes Schulgebäude mit zeitgemäßer Ausstattung wäre ebenfalls ein Hygienefaktor. Das Thema *Geld* zählt ebenfalls nur auf die Hygienefaktoren ein.

Bezahlt man für eine Schulleiterrolle jetzt deutlich mehr, werden sich möglicherweise zwar ein paar mehr heutige Lehrerinnen und Lehrer bewerben, üblicherweise steigen der Zufriedenheitsgrad und die Leistungs- und Einsatzbereitschaft bei diesen aber nicht an. Denn die Motivatoren, also die Aspekte, die diesen Personen an ihrem Beruf immer Freude gemacht haben, der Grund, warum sie ursprünglich einmal Lehrer oder Lehrerin geworden sind, reduzieren sich für sie auch noch vorhersehbar.

Das heißt: Weniger Stunden unterrichten, dafür aber deutlich mehr Verwaltungs-, Abstimmungs- und Koordinationsthemen. Und mehr Ärger mit allen oben angesprochenen Beteiligten.

Die Kritiker-Elite: Weiß alles, verändert nichts.

Gerade im öffentlichen Dienst ist sie sehr verbreitet, die Kritiker-Elite: Weiß alles, verändert nichts.

Ich hatte zum Beispiel einen Professor einer Universität in einem Seminar, in dem ich während eines Vortrages einige Werbefilme zeigte, um notwendige Veränderungs-Themen unterhaltsam zu unterlegen.

Er zog sich nach dem Vortrag an meinem offensichtlich rückständigen Frauenbild hoch, weil in einem schwedischen(!) Werbefilm von Mercedes-Benz(!) eine Blondine eine Bibliothek mit einem Imbiss verwechselte.

Betretenes Schweigen in der ganzen Runde.

Was ich zum damaligen Zeitpunkt nicht wusste: Die Präsidentin war überzeugte Frauenrechtlerin und er wollte bei ihr Pluspunkte sammeln, möglicherweise weil es in seinem originären Verantwortungsbereich seit längerem nicht so gut lief.

Eine Diskussion über die massiven Veränderungsnotwendigkeiten der maroden Organisation (jahrelange massive Verluste, Krankenstands-Raten in mehreren Bereichen über 20 Prozent, dauerhaft schlechte Rankings im Universitätsvergleich) kam jedenfalls nicht zustande.

Ein Nachdenken über die eigene Führungs- und Veränderungskultur bis heute auch nicht.

Seine Organisation wird am Leben erhalten, weil sie alimentiert wird. Als Teil des planwirtschaftlichen Umverteilungssystems kann die Organisation nicht mehr sterben, egal wie schlecht sie läuft. Für die Patienten-, Studenten,- Arbeitsmarkt- und Zukunftsorientierung solcher Organisationen ist das eine Katastrophe, auch wenn das innerhalb der Organisation nur selten so gesehen wird.

In der Gedankenwelt solcher Organisationen macht sich über die Jahre oft immer stärker lähmende Feistheit breit. Unternehmerischer Geist ist hier überhaupt nicht mehr zu spüren.

Man beschäftigt sich mit sich selbst, besucht sich gegenseitig auf Kongressen und Branchentreffen und erzählt sich viele interessante Ideen, was andere denn tun könnten.

Die zentralen Probleme werden überwiegend nicht angegangen.

Auf dem Hintergrund der langjährigen Erfolgsverwöhntheit oder der planwirtschaftlichen (Umverteilungs)-Finanzierung solcher Organisationen sind nahezu alle Kräfte realer Wettbewerbsorientierung, die marktorientierte Organisationen gesund und veränderungsfähig erhalten, verschwunden.

Linke Tasche, rechte Tasche, meine Tasche

Der langjährige erfahrene Lehrstuhlinhaber – ein Internist – entwickelt, bezahlt durch die öffentlichen Gelder der Universität und unter Einsatz von Generationen von (öffentlich finanzierten) Doktoranden, ein besonderes Verfahren zur Operation von Stents der Herzkranzgefäße und gründet ein Unternehmen, das just diese Stents produziert.

Auf wundersame Weise werden – *honi soit qui mal y pense* – fast ausschließlich diese Stents im ganzen Haus verbaut. Alle wissen Bescheid, keiner geht dagegen vor. Eine Krähe hackt eben der anderen kein Auge aus.

Der verdiente Professor (Altverträgler) geht mit ca. 300-350 Tsd. Euro Salär des Klinikums im Jahr nach Hause. Und setzt ungefähr nochmal so viel durch Privat-Liquidation um. Die Erträge seines Unternehmens kommen noch hinzu.

Bei einer Verantwortung für ca. 30 bis 40 Ärzte.

Um z. B. bei Volkswagen 700 Tsd. Euro zu verdienen, verantworten Sie ganze Teile der Welt und sind auch ganz schnell weg vom Fenster, wenn es mal nicht so gut läuft.

Aber gesicherte Einnahmen aus dem eigenen Unternehmen, mit ganz naheliegender Kunden- und Absatzstruktur, machen eben noch einmal richtig mehr Spaß neben dem schon überzogenen Gehalt.

Und denken Sie jetzt bitte nicht daran, dass die Professorin oder der Professor doch eine so hohe Verantwortung hat.

Die haben sie.

Haben Lokführer, Piloten, Kraftwerksingenieure und der Softwareentwickler für selbstfahrende Autos auch.

Aber eben nicht so eine gute Standesvertretung.

Die Privilegien der Vergangenheit

Die französischen Staatsbahnen (SNCF) häufen Jahr für Jahr über 3 Mrd. € Schulden an, im Jahr 2018 ist die Summe auf über 50 Mrd. € angestiegen, bis Herr Macron sie weitgehend entschuldet hat.

Der fast beamtenähnliche Status der Mitarbeiterinnen und Mitarbeiter beschert diesen mehr Urlaub als vergleichbaren Jobs in der Privatwirtschaft, eine deutlich höhere Rente und der durchschnittliche französische Lokführer geht im Alter von 53 Jahren in Rente.

Ihre Jobs sind sicher, auch wenn ihre Organisation hoch defizitär ist. Denn die Gewerkschaften halten sehr schützend ihre Hand über die Klientel mit dem schönen Druckpotential.

Noch viel schöner ist es natürlich, wenn die eigene Organisation nicht – wie etwa Krankenhäuser – wenig, sondern ganz viel Geld hat.

Die GEZ und die Väter des Grundgesetzes

Ganz dicht nebeneinander liegen die gut ausgestatteten ARD-Auslandsbüros unter anderem von WDR, HR, SWR und BR in z. B. Washington. So dicht, dass sich die Sender auch Büros teilen könnten. Aber nicht wollen oder brauchen. Der Föderalismus macht's möglich. Die Väter des Grundgesetzes haben die von ihnen zu recht befürchtete und erlebte Gleichschaltung viel gründlicher verhindert, als sie es sich je vorstellen konnten. Durch ausufernde Bürokratie.

Und die Rundfunkgebühren-Zwangsabgabe sorgt doch prima dafür, dass jeden Abend ein anderer Istanbul-, Island- oder sonst woher Krimi aufwendig gemacht und durch öffentliche Gelder finanziert über deutsche Bildschirme flimmert. Ein normaler Tatort kostet ca. 1,4 Mio. €. Einer mit Till Schweiger fast 2 Millionen.

Es geht uns gut.

Aber nicht nur uns. Das Problem tritt in allen Wohlstands-nationen auf. Der öffentlich-rechtliche dänische Rundfunk musste sich Anfang 2017 bei seinen Zuschauern entschul-digen, weil für über 9.000 € das Pferd eines Korrespondenten in die USA verschifft worden war. Auf Gebührenzahlerkosten natürlich.

Umfragen unter dänischen Zuschauern ergeben immer wieder Zweifel über die sinnhafte Verwendung der Rund-funkgebühren. Wen wundert es?

In einer von RTL bei Forsa 2018 in Auftrag gegebenen re-präsentativen Studie sehen weniger als die Hälfte der Deutschen den Programmauftrag der öffentlich-rechtlichen Sender als erfüllt an. Fast die Hälfte der Befragten findet, dass ARD und ZDF ihren Programmauftrag mittelmäßig bis schlecht erfüllen.

Ein Statement zum Thema Kundenzentrierung öffentlich-rechtlicher Einrichtungen.

Was passiert, wenn mit Methoden aus einer anderen Führungswelt und -kultur gearbeitet werden muss?

Wenn wir in einer Führungskultur die Methoden aus diesem Führungsbetriebssystem anwenden können, ist alles noch recht einfach.

Gespräche und Feedback, Äußern von Wünschen und Bitten sind möglich und verträglich.

Wenn sich die Situation dadurch verbessert, prima. Dauerhafte Leistungsabweichungen zu handhaben, ist allerdings schon nicht mehr so einfach.

Fallbeispiel Universitäres Institut

Wir sind in einem universitätsnahen Institut, die Führungskultur ist überwiegend leistungsorientiert, gleichzeitig sehr rücksichtsvoll und menschenorientiert. Viele Mitarbeiterinnen und Mitarbeiter schätzen die sehr gute Atmosphäre, hängen allerdings dem Irrglauben an, dass – wenn es Menschen nur gut gehe – alle Menschen aus sich selbst heraus Leistung bringen. Bei einem großen Teil der Mitarbeitenden stimmt das zwar, aber nicht bei allen.

Ein (prozentual meist kleiner) Teil der Mitarbeiterinnen und Mitarbeiter richtet es sich in solch einer Führungskultur komfortabel in seinem Themengebiet ein, goutiert den gebotenen Freiraum, liefert jedoch die im Gegenzug versprochene Leistung nicht ab, unter anderem, weil diese häufig auch nicht explizit gefordert und vereinbart wurde.

In dem Institut gibt es eine Filmausleihe, die von einem Mitarbeiter seit Jahren betreut wird. Angefangen hat er als freier Mitarbeiter, inzwischen befindet er sich in der Festanstellung.

Die Einarbeitung durch den Vorgänger war schwach, der hat die ganze Filmausleihe einfach laufen lassen und nur nebenbei betreut.

Der Mitarbeiter selbst ist ein Low Performer, wenig dienstleistungsorientiert, langsam und umständlich.

Sie erinnern sich an das Können und Wollen-Modell von Seite 52.

Das wäre als solches in diesem Führungsbetriebssystem nur bedauerlich, aber noch nicht schlimm. Leider ist er noch dazu nicht sehr sorgfältig. Immer wieder sind Filme verschwunden oder unauffindbar. Die Ausleihe wird nicht ordnungsgemäß geführt und die Ausleihen nicht zuverlässig dokumentiert. Das ist schon weniger schön in der ansonsten recht leistungsorientierten Kultur des Hauses.

Über die Hälfte der eigentlichen Dienstzeiten ist er nicht in der Filmausleihe anzutreffen. Er ist dann im Haus unterwegs oder krank zu Hause.

Auf dem Hintergrund der hohen Menschenorientierung des Führungsbetriebssystems fühlen sich die Kolleginnen und Kollegen für die low-performance von anderen Kollegen oder für das Feedback darüber an diese allerdings nicht verantwortlich.

Keiner gibt ihm Rückmeldungen oder ein offenes Feedback. Diesem Konfliktpotenzial unter den Kolleginnen und Kollegen wird gerne ausgewichen. Die unangenehmen Gespräche soll der Chef machen, in den Augen der Mitarbeitenden ist er ja auch dazu da.

Irgendwann reicht es aber selbst den gutmütigsten Kolleginnen und Kollegen mit dem bequemen und entspannten Leben und der geringen Leistungs- und Serviceorientierung des Kollegen.

Erste Kollegen fangen an, sich bei der Führungskraft zu beschweren.

Spätestens hier sollten bei einer Führungskraft in diesem Betriebssystem alle Warnlampen angehen. Wenn jetzt nichts getan wird, senkt das möglicherweise auch das Vertrauen in die Kompetenz und Rollenwahrnehmung des Chefs.

Wird jetzt nicht agiert, setzen möglicherweise Formen der Ausgrenzung ein. Kolleginnen und Kollegen reagieren komisch, wenn der Name fällt. Sie schneiden den Kollegen. Gespräche werden still, wenn die Person das Zimmer betritt. Die Kolleginnen und Kollegen beziehen ihn oder sie nicht in Aufgaben oder Projekte ein. Er wird auf private Veranstaltungen und Treffen nicht eingeladen und auch nicht darüber informiert, dass diese stattfinden.

Als Führungskraft müssen Sie sich in jeder Situation, aber in der Führungskultur *niedrige Vertikalität/hohe Menschenorientierung* ganz besonders, so verhalten, *wie es sich gehört*.

Es bleibt also bei Feedback, Gesprächen und wieder Gesprächen. Mit dem Mitarbeiter, den Kolleginnen und Kollegen und den Nutzern der Filmausleihe.

Wenn Sie Menschen zu etwas bringen wollen, gibt es im Wesentlichen drei Wege:

Der erste Weg ist **Motivation**. Dieser Weg teilt sich noch einmal auf in:

a.   Finden eines inneren Bedürfnisses

b.   Abschließen eines Deals

Der zweite Weg ist die Arbeit an **Einsicht und Verpflichtung**.

Der dritte und letzte Weg sind **Sanktionen**.

Schauen wir uns einmal an, welche Wege für die Führungskraft beschreitbar wären:

Fängt man mit dem Weg 1a an, würde das bedeuten, etwas zu suchen, nach dem der Positionsinhaber strebt. Etwas, was er durch seine Tätigkeit zu verwirklichen sucht.

Das könnte z. B. die **Befriedigung** eines **Motivs** wie *Neugier* oder *Anerkennung* sein.

Unsere Führungskraft findet hier nichts.

Ein **Deal** wäre eine **zweite Möglichkeit**. Unsere Führungskraft könnte mit dem Mitarbeiter vereinbaren, dass – wenn die Beschwerden abnehmen würden – er dieses oder jenes für ihn Attraktives bekäme. Hierzu müsste der Chef aber etwas anzubieten haben.

Der dritte Weg, die Arbeit an **Einsicht und Verpflichtung**, setzt ein gewisses Commitment gegenüber den Zielen der Organisation oder der Abteilung voraus. Der Mitarbeiter müsste akzeptieren, dass es bei den Öffnungszeiten und der Ordnung in der Filmausleihe nicht primär darum geht, dass er Freude an seinem Job hat, sondern darum, dass die Filmausleihe für die anderen Mitarbeitenden des Instituts wichtig und notwendig ist.

Die Versuche, den Mitarbeiter durch Einsicht zu einer besseren Job-Performance zu bringen, sind bisher gescheitert.

In den Gesprächen stimmt er den Wünschen immer zu und tut so, als verstünde er sie, hält sich aber hinterher nicht daran.

Nun bleibt nur das Mittel der **Sanktion**. Hier verstanden als engere Führung über z. B. Kontrolle der Anwesenheitszeiten oder Prüfung der ordnungsgemäßen Dokumentation der Entleihe von Filmen.

Sie sollten in dieser Führungskultur nur mit den Mitteln arbeiten, die Ihnen das System zur Verfügung stellt.

Die Anwendung von Verhaltensweisen aus einem anderen Quadranten des Führungskulturmodells führt im Normalfall zu Erschrecken, Unwohlsein, Ablehnung und Widerstand.

In dieser Führungskultur dürfen Sie z. B. als Führungskraft nicht *aus der Rolle fallen*. Sie sollten keine Aussagen machen, die unkontrolliert leicht schon mal entschlüpfen können. *Wütend* werden, jemandem *Über-den-Mund*-fahren oder *das Wort verbieten* führt schnell zu starken Emotionen und häufig auch zu beleidigten Reaktionen.

Jedes *aus dem Rahmen fallen* wird negativ gewertet und dann auch häufig übertrieben überhöht geahndet oder pikiert reagiert. „Ach, schau nur. Das ist ja wieder typisch hier. Nie darf man mal seine Meinung sagen. Sofort bekommt man den Mund verboten...".

Natürlich sind manche solcher Reaktionen dann gerne überzogen oder *Verletzungen* und *Enttäuschungen* werden auch schon mal sehr ausführlich präsentiert und ausgelebt.

Es kommt nicht selten vor, dass Beschwerden über Tonalitäts-, Form- und Vorgehensfehler als Machtinstrument eingesetzt werden, um sich gegen unliebsame Themen zu verwehren.

Führungskraft in dieser Führungskultur zu sein, bringt

manchmal auch starke Dilemmata:

Wenn sich z. B. ein Mitglied eines Teams unkollegial, egozentrisch oder regelverletzend verhält. Dann muss man als Führungskraft über Gespräche und Rückmeldungen versuchen, dass diese Person sich wieder so verhält, dass Regeln und Standards eingehalten werden.

Wenn die Person aber nicht einlenkt und sich wieder kollegial eingliedert, wird es für Führungskräfte schwer.

Natürlich müsste sich die Führungskraft in manchen Situationen mehr durchsetzen, kann das aber in dieser Führungskultur nur schwer. Sanktionen sind in diesem Führungsbetriebssystem quasi nicht vorgesehen oder wenn, werden sie häufig nicht genutzt.

Ich habe immer wieder Situationen gesehen, in denen die Führungskräfte von Organisationen mit einem Kuschelecken-Betriebssystem zum Teil über Jahrzehnte weggeschaut haben und sich manifeste Probleme etabliert haben.

Oft sind diese Kolleginnen und Kollegen im System so abgesichert, dass fast niemand mehr die Situation wieder auflösen oder heilen kann.

Sei es, dass solche Kolleginnen oder Kollegen besondere Rollen oder Verantwortlichkeiten übernehmen, sich in die Personalvertretung mit garantiertem Kündigungsschutz wählen lassen oder besondere Sichtbarkeiten oder Vernetzungen in eine Öffentlichkeit außerhalb der Organisation erwerben.

Da Menschen dann zum Teil mit den Mitteln dieses Führungsbetriebssystems nicht mehr dazu zu bringen sind, die Freiheit ihrer Selbstbestimmung einem höheren bzw. kollektiven Wert der Organisation zu unterstellen, entwickelt solch ein System häufig eine ganze Portion Falschheiten.

Wenn jemand sofort und möglicherweise dauerhaft beleidigt sein kann, wenn ihr oder ihm ein als unangenehm empfundenes Feedback gegeben wird, ist eine der von Führungskräften und Kollegen hier häufig angewendeten Verhaltensweisen, dass eben auf entsprechendes Feedback verzichtet wird.

Die Führungskultur *niedrige Vertikalität/hohe Menschenorientierung* tendiert leider manchmal dazu, gewisse Falschheiten oder z. B. auch Mobbing-Verhalten zu produzieren.

Es ist nicht selten zu beobachten, dass das tatsächliche gelebte Verhalten zwischen Kollegen oder auch zwischen Führungskräften und Mitarbeitenden nur recht eingeschränkt den Aussagen der in diesem Führungsbetriebssystem so verbreiteten wie beliebten Leitbildern entspricht.

Was sind die Folgen, wenn Führungsmethoden aus einem anderen Quadranten des Führungskulturmodells angewendet werden?

Im oben beschriebenen Führungssystem wären z. B. Elemente des Führungsverhaltens aus der Galeere völlig kontraproduktiv.

Vertikalität zu erhöhen oder Menschen unter Aufzeigen von Konsequenzen persönlich für Ergebnisse oder die Performance von Gruppen oder Organisationsteilen verantwortlich zu machen, führt in der Führungskultur *niedrige Vertikalität/hohe Menschenorientierung* vorhersehbar zu kontraproduktiven Effekten.

Beispiel Stadtwerk

In einem Stadtwerk wird ein zweiter Geschäftsführer gesucht. Bei den Einstellungsgesprächen wird ihm mehrfach gesagt, dass er *mal richtig aufräumen soll*. Die ganze Organisation solle mal *auf Vordermann* gebracht werden.

Fachlich kompetent hat er viele Reorganisationserfahrungen gesammelt. Er ist ein Mann der Tat, handlungsorientiert, nicht verschüchtert, eher direkt und redet Klartext.

Wenn man es formal sieht, ist er wahrscheinlich für die im Vorfeld vermittelten verbalen Ziele gut qualifiziert.

Der Bewerber kommt allerdings nicht aus einem öffentlich-rechtlichen System. Er hat viele Situationen erlebt, in denen die Freiheiten des Verhaltens von Menschen ohne viel Federlesens einschränkbar waren, weil es den jeweiligen Unternehmen schlecht ging. Dann kann man in einem Unternehmen, welches für sein eigenes Überleben sorgen muss, nicht zu langsam vorgehen, sonst ist es irgendwann nicht mehr da.

Der Bewerber gefällt und wird eingestellt.

Leider ist er wirklich unerfahren in solchen Systemen und legt seine alten Erfolgskriterien an.

Um es präzise zu sagen: Er hat viel zu wenig Erfahrung mit Veränderungsprozessen in der Kuschelecke. Er ist eigentlich für den Job nicht geeignet.

Und so fängt er auch gleich kräftig mit dem Aufräumen an, startet lange überfällige Projekte und bringt richtig Schwung in den Laden.

In seiner inneren Welt ist das auch vernünftig. Das Unternehmen steht aus seiner Sicht schlecht da. Es verliert Umsatz, Kunden und wichtige Projekte wurden viel zu lange nicht angegangen.

Er versteht nicht, dass viele Menschen im Führungsbetriebssystem *niedrige Vertikalität/hohe Menschenorientierung* Druck nicht in Leistung umsetzen.

Viele Menschen leben schon seit Jahrzehnten mit dem schleichenden Verfall der Organisation und mussten persönlich keine wirklichen Konsequenzen erleiden.

Das Unternehmen schrumpfte über Jahrzehnte und in Rente gehende Mitarbeitende wurden sozialverträglich eben nicht mehr ersetzt. Immer mehr vormals in der Organisation von festangestellten Mitarbeitenden durchgeführte Tätigkeiten wurden im Laufe der Jahre eingestellt oder outgesourced.

Er macht den gedanklichen Fehler, dass er die einzelnen handelnden Personen als für den existierenden Zustand verantwortlich hält. Diese verhalten sich aber nur entsprechend der sie umgebenden Systeme. Die Menschen, die damit nicht klarkommen, arbeiten schon lange nicht mehr in dem System.

Ihm ist nicht klar, dass sich Führungskräfte und Mitarbeitende an Misserfolge gewöhnen und sie irgendwann als normal empfinden. In seiner inneren Welt gilt der Skript: *Ich-kann-nicht, wohnt in der Ich-will-nicht Straße.*

Er attribuiert das Verhalten der Menschen um ihn herum als Ergebnis mangelnder Bereitschaft oder mangelnder Anstrengung.

Und er zeigt den Menschen dummerweise auch in seinem Umgang, dass er sie gering schätzt und kommuniziert so, dass diese sich persönlich angegriffen fühlen.

So gewinnt er natürlich nicht das Vertrauen seiner Führungskräfte und produziert passiven und später auch aktiven Widerstand.

Leider hört er auch nicht gut zu. Er sucht keine Hilfe von Menschen, die solche Systeme kennen und wird immer wilder in seinen Projekten, Aktionen und Handlungen.

Er entsorgt sich vorhersehbar selbst durch weinende Mitarbeiterinnen und produziert etwas in diesem System sehr Seltenes, nämlich einen offenen Aufstand. Seine Führungskräfte gehen zusammen zum Aufsichtsrat und fordern offen Konsequenzen.

Bevor die Themen an die Öffentlichkeit geraten, werden die natürlich gezogen.

Menschen unter Druck zu setzen, enger zu führen, deutliche und engmaschige Kontrolle sind keine Führungselemente, die Sie als Führungskraft in dieser Führungskultur versuchen sollten. Sie werden nicht nur keinen Erfolg haben, sondern sich wirkungslos machen.

Instrumente der Kuschelecke kombiniert mit der Galeere

Man sollte eigentlich denken, militärische Organisationen hätten eine mittlere bis phasenweise auch höhere Vertikalität. Das muss nicht so sein. Die Bundeswehr ist in Teilen ein Beispiel für gravierende Dysfunktionalität einer Führungskultur durch einen merkwürdigen Mix aus Kuschelecke und Galeere.

Die Gründe dafür sind sicher vielfältig. Natürlich ist es nicht einfach, funktionsfähige Abläufe aufrecht zu erhalten, wenn man überwiegend im Übungsbetrieb ist.

Die internationalen Einsätze der letzten 10 Jahre haben aber interessanterweise nicht dazu geführt, dass die Organisation in der Breite besser da steht. Der Wehrbeauftragte der Bundesregierung sagte im Februar 2018, dass die Gründe für die schlechte Einsatzfähigkeit in Überbürokratisierung und Ersatzteilmangel begründet liegen.

Nur 26 von ca. 90 Tornado-Kampffliegern sind im März 2018 einsatzfähig. Beim Eurofighter, einem europäischen Prestigeprojekt, sind es nur 39 von 128 Maschinen.

In früheren Jahrhunderten hätten Staatslenker anderer Staaten solche Zustände schnell und effizient für ihre Ziele genutzt.

Mischkulturen zwischen *Kuschelecke* und *Galeere* sind gar nicht so selten. Gerade die für ihre Kreativität und innovativen Erfolge sehr bewunderten amerikanischen GAFA-Unternehmen (Google, Apple, Facebook, Amazon) sind von der Intentionalität der Führungskulturen oft nicht die unschuldigen Führungs- und Kulturwaisenknaben, als die sie sich so gerne auf Kongressen ausgeben.

Vordergründig sieht die Kultur nach Kuschelecke aus. Auch bei Microsoft gab es früher (interner Jargon: „Die guten Zeiten") für Mitarbeiter eine Wohlfühl-Komfortausstattung, zig Saftsorten und reichhaltige Komplett-Ausstattungspakete.

Unterhalb des Kuschelecken-Ausflugsdampfers fand sich allerdings gewissermaßen eine sehr zahlen- und leistungsorientierte Galeere.

Und so gab es neben zahllosen Teamings und Incentives auch ganz andere Arten von Veranstaltungen:

Eine davon war das gefürchtete *Mid-Year Review*.

Kein netter Fish-Bowl, sondern oft eher eine Grillparty.

Internationale Verantwortliche mussten vor einem Gremium in einem turnhallengroßen Saal ihre Zahlen präsentieren. Wenn dann Ergebnisse Unzufriedenheit erzeugten, gab es eine Art *Kiel-Holen*. Die oder der einzelne Manager wurde deutlich intensiver zum Zustandekommen des von ihr oder ihm verantworteten schlechten Abschneidens befragt. Und manches Mal war dieses Mid-Year Review eben dann auch das Letzte für den Präsentator.

Wie auf einer Galeere: „Die gute Nachricht: Rum für alle. Die schlechte Nachricht: Der Käpt´n will Wasserski fahren".

Wann passt dieses Führungs-Betriebssystem zu mir?

„38,7h/Woche. Das habe ich bewusst so gewählt!" Das haben wir immer wieder gehört. Viele Menschen in diesem Betriebssystem schätzen die sehr freizeitorientierte Arbeits- und Freizeitrelation.

Was Menschen hier auch oft gut finden, ist das überwiegend gute Miteinander in der Zusammenarbeit. Dadurch, dass überwiegend kein zu hoher Leistungsdruck vorhanden ist, bleiben immer Zeiten für spontane Gespräche.

Die wiederum stärken die als wichtig empfundenen persönlichen Beziehungen. Vielfach kennen sich Menschen, die in diesem Betriebssystem arbeiten, persönlich, weil sie auch den Organisationen überwiegend bereits längere Zeit angehören. Durch die persönliche Bekanntschaft ergeben sich bei vielen Themen dann doch erstaunlich kurze Wege – wenn man es will und sie nutzt.

Auch wenn das Thema *Information* in allen Organisationen fast immer beklagt wird, sind die Menschen in diesem Betriebssystem, neutral gesehen, meist überwiegend mehr als brauchbar informiert. Das heißt nicht, dass sie das selbst immer so sehen und es nicht auch manche Optimierungsnotwendigkeiten gibt. Aber da der Flur-Funk durch die vorhandenen vielen persönlichen Beziehungen gut funktioniert und der Leistungsgedanke häufig nicht durchgängig im Vordergrund steht, gibt es viele Zeiten für persönliche Gespräche und Teambesprechungen, den Besuch von Fort- und Weiterbildungen, Branchentreffs und Kongressen.

Und da – zumindest in regulären Situationen – nicht zu kosten-orientiert gearbeitet wird, gibt es auch Raum für Abstimmungs- und Übergabegespräche, in denen gemeinsame Ziele und Wege gesucht und gefunden werden können.

Übrigens: Wenn es unglücklich läuft, kann man sich in Branchen, die mit diesem Führungsbetriebssystem arbeiten, auch seinen Ruf so gründlich verderben, dass man in der Branche keinen Job mehr findet. Die Informations- und Austauschintensität ist nicht nur innerhalb, sondern auch zwischen den verschiedenen Unternehmen sehr hoch. Auf dem Hintergrund der hohen Menschenorientierung ist der Umgang untereinander überwiegend sowohl persönlich, als auch fachlich oft sehr wertschätzend.

Um offene Konflikte – die mag das Betriebssystem nämlich gar nicht – zu vermeiden, wird häufig eine ganz brauchbare Aufgabenabgrenzung betrieben. Der Vorteil liegt in klaren Aufgaben, der Nachteil in einer recht starken Spezialisten-Ausprägung.

Wenn z. B. jemand länger ausfällt, bleibt die Arbeit häufig einfach liegen. Jemand anderes kann bzw. will sie nicht (zusätzlich) übernehmen. Da ja stärker die Menschen- als die Prozessorientierung im Vordergrund steht, stört das auch häufig niemanden. Außer die Kunden (Patienten/Steuerzahler/Studenten, ...). Und die sind weit weg oder in dem System sehr machtbeschränkt.

Wenn Sie also eher sicherheitsorientiert sind, viel Wert auf Stabilität und Verlässlichkeit und geregelte Abläufe legen, kann hier für Sie ein guter Arbeitsplatz sein. Ob Polizei oder öffentliche Verwaltung, ob genossenschaftliche Kooperativen oder öffentlich-rechtliche Wohnungsbauvereine, fast alle Organisationen dieser Art arbeiten in niedriger Vertikalität mit hoher Menschenorientierung.

Sie müssen sich nicht selbst – wenn Sie das nicht wollen – um widrige Zustände kümmern, dafür gibt es sicher irgendwen.

Es geht stabil, sicher und verlässlich zu. Und selbst, wenn Sie weiter oben in der Hierarchie arbeiten, geht es – verglichen mit Unternehmen, die härter um ihr Überleben kämpfen müssen – oft auch recht gemütlich zu.

Man hat viel Verständnis für Ihre Individualität, Ihre Wünsche und Bedürfnisse. Und es ist pünktlich Schluss. Work-Life-Balance heißt das Zauberwort.

Love it – Wie kann ich in solch einem System Karriere machen?

„Bei uns wird man nicht reich, aber alt."
(Leitspruch von Mitarbeitern aus einer Genossenschaft)

Manche Stereotype von Führungskräften sind im Betriebssystem *niedrige Vertikalität/hohe Menschenorientierung* häufiger anzutreffen:

Der Politiker: Erfolgreich sozialisiert im System, intrinsisch motiviert, fleißig, durchsetzungsstark und ein kluges, nützliches Netzwerk: So kann man z. B. auch in großen Organisationen den kompletten hierarchischen Durchlauf machen und von (fast) allen Seiten sehr respektiert werden. Zukunftsorientiert. Bewirkt Gutes nach innen und außen.

Der Möchtegern-Politiker: Wirkungsloser, überforderter Lokal-*Politiker*. Kein einziges größeres Projekt der letzten Jahre nachhaltig erfolgreich vorangetrieben oder zu Ende gebracht. Aber ein gutes Gespür dafür, was das nächste von der Politik möglicherweise goutierte Thema ist. Verbal stark und auch gut vernetzt. *Wellenreiter* ohne Rückgrat. Mitarbeitercodename: *Luftpumpe*. Aufregende Jahre sind nur solche, wenn es um die eigene Vertragsverlängerung geht. System- und leistungshemmend, bestenfalls wirkungslos.

Die Spinne: Intelligente und scharfsinnige Abteilungs- oder Bereichsleitung, die die Schwächen der anderen Führungskräfte im System nutzt und dadurch im Laufe der Jahre immer mehr Verantwortungsbereiche der Organisation übernimmt. Sitzt wie eine Spinne in der Mitte aller Entscheidungen, nichts läuft ohne sie oder ihn. Häufig der Organisation gegenüber loyal und sachorientiert. Ohne die Spinne läuft in der Organisation dann auch irgendwann wirklich fast nichts. Je schwächer die Kollegen, desto stärker wird die Spinne. Bis zu einer gewissen Grenze für das Gesamtsystem sogar hilfreich. Wirkt der Diffusion der Verantwortung entgegen. Ab einer zu großen Zahl gebündelter Rollen entwickelt sich diese Rolle allerdings auch oft zum Nadelöhr.

Wanja auf dem Ofen: Häufig ein von außen eingekaufter Experte eines Fachgebiets, von dem die Organisation keine Ahnung hat (gerne IT, Finanzen, Controlling etc.) Das letzte Drittel der beruflichen Laufbahn kann man so – schottet man den eigenen Bereich weitgehend gegen den Rest der Organisation ab – sehr entspannt verbringen. Und die Organisation ist dankbar, dass sie sich um den ihr fremden *Mist* nicht kümmern muss. Macht das System nicht besser, sorgt aber dafür, dass der eigene Stall *sauber* ist. Lässt sich nichts am Zeug flicken. Oft jemand aus der Kritiker-Elite: Weiß alles, realisiert nichts.

Der brave Heinrich: Fünf Fachgebiete in sieben Jahren. Immer, wenn über längere Zeit jemand fehlte und die Stelle gar nicht besetzbar war, musste der Verwalter ran. Macht nichts kaputt, bringt auch nichts Neues zum Laufen. Polarisiert nicht, hält aber die Mitarbeitenden auch nicht vom Arbeiten ab. Neue Impulse oder Richtungssetzungen sind von ihm nicht zu erwarten, er stimmte aber jeden seiner Schritte mit der oberen Ebene ab. Angepasst, konservativ, ohne Überraschungen. Systemerhaltende Wirkung.

Der Werteorientierte: Konservativ, verlässlich, integrativ, stabil. Besitzt Grundüberzeugungen und setzt diese notfalls auch gegen Widerstände durch. Hat eine unverwüstlich positive Sicht auf die Dinge und ist (fast) nie mutlos. Mag keine Veränderungen. Hat häufig die Arbeit auch nicht erfunden. Schätzt die hohen persönlichen Freiräume im System. Gibt Menschen eine Chance, nimmt sie in ihrer Kompetenz ernst und lässt ihnen den notwendigen Freiraum. Gibt auch nicht geradlinigen Werdegängen eine neue Chance und erwirbt sich auch dadurch die Dankbarkeit und langjährige Gefolgschaft der Mitarbeitenden. Lässt das System wachsen.

Der Speichellecker – Nicht kompetent genug, um selbst in der ersten Reihe zu stehen und sich ständig danach fragend, was denn die jeweils Führenden gerade wollen. Diese Themen werden dann opportunistisch im vorauseilenden Gehorsam nach Musterschüler-Manier rigoros umgesetzt. Negative und zerstörerische Auswirkungen auf die Ergebnisse des Systems.

Schauen Sie mal, wen Sie häufiger getroffen haben und welche Ausgestaltung einer Führungs- und Managementrolle Ihnen im Führungsbetriebssystem *Kuschelecke* denn möglicherweise zusagen könnte.

Change it – Was kann ich in diesem System eigentlich ändern?

Ein kluger amerikanischer Change-Professor hat mal gesagt: **„Culture eats strategy for breakfast"** – und das ist nach vielen unserer Erlebnisse eindeutig wahr.

Der Individualismus kann sehr hoch sein

Als Mitarbeitende in diesem System sollten Sie sich bewusst machen, dass der größte Teil der Kolleginnen und Kollegen, die länger in einem solchen System leben und arbeiten, wenig bis keine Hoffnung (mehr) haben, gravierende Veränderungen am System vorzunehmen. Alle, die länger dort arbeiten, haben sich an die wesentlichen Vor- und Nachteile gewöhnt. Es wird viel und gerne geklagt aber im Verhältnis dazu meist doch deutlich weniger *gelitten*.

Dafür gibt es aber einen überdurchschnittlich hohen Prozentsatz an Menschen, die in anderen Betriebssystemen sofort und dauerhaft anecken würden. Und das sind nicht nur die typischen, in vielen Unternehmen arbeitenden spezialisierten und manchmal zwischenmenschlich etwas merkwürdigen Nerds, sondern auch oft übermotivierte, zwanghafte, zu idealistische oder auch überperfektionistische Persönlichkeiten, die in *normalen*, wettbewerbsorientiert arbeitenden Organisationen häufig nicht so gut zurechtkommen.

Auch diese Menschen, die in anderen Führungskulturen kaum oder nur schwerlich geduldet würden, finden hier einen Platz. Die in der Führungskultur herrschende hohe Rücksichtnahme und das Primat der Menschenorientierung, aber auch die geringe Konsequenzkultur und die geringen Möglichkeiten des Systems, sich selbst gegen notorische

Abweichler, anarchistische Querulanten oder einfach faule Systemprofiteure zur Wehr zu setzen, lassen selbst völlige Irrlichter in diesem Führungsbetriebssystem sogar Karriere machen.

Ich erinnere mich an einen Ansprechpartner in einer Behörde. Er war kämpferisch veranlagt, legte sich mit vielen Leuten an, eckte an und hatte einen eindeutigen Ruf im Haus. Im interpersonalen Umgang kompliziert, schwierig in der Kommunikation und im eigenen Führungsverhalten emotional unkontrolliert, jähzornig. Er war im Verhalten also wirklich problematisch.

Man übertrug ihm aber trotzdem die Verantwortung für eines der wichtigsten Veränderungsprojekte der letzten Jahre.

Es ist nicht selten so, dass völlig ungeeignete Personen in verantwortliche Rollen geraten, weil sich niemand anderes findet, der die Verantwortung auf sich nehmen will und die Rolle dann schlussendlich einfach besetzt werden soll.

Das ist ein bisschen so wie in der Großfamilie: Auch der hinfällige Vetter, der in seinem Leben überhaupt nichts vernünftig auf die Reihe bekommen hat, wird eben auch in der Familie weiter mit durchgezogen.

Ich habe Teamworkshops von mehreren Tagen Dauer durchgeführt, in denen die meiste Zeit geweint und geklagt wurde über das Verhalten der – auf irgendeine Weise – in eine Führungsrolle geratenen, absolut nicht geeigneten Führungskraft.

Das ist als solches keine Besonderheit dieses Führungsbetriebssystems. Hier in der Kuschelecke können sich für eine bestimmte Rolle ziemlich ungeeignete Menschen aber unter Umständen Jahrzehnte in Mitarbeiter-, Projektleiter-, Führungs- und Managementrollen halten, ohne dass sich die Organisation konsequent zur Wehr setzt oder setzen kann.

Die Kollateralschäden, die solche Menschen in diesen Führungskulturen hinterlassen, kann man von der Bedeutsamkeit der Auswirkungen her gar nicht hoch genug einschätzen.

Die Verwirrtheit mancher Menschen in diesen Führungskulturen ist an manchen Stellen wirklich nicht mehr zu überbieten: Aussage eines solchen Teilnehmers im Kuschelecken-Betriebssystem nach einem Workshop: *„Dafür ist die Moderatorin verantwortlich, dass ich mich in meiner Einstellung verändere. Wenn sie das nicht geschafft hat, hat sie eben einen schlechten Job gemacht"*.

Die Changeability ist eher gering

Als Führungskraft in diesem System müssen Sie akzeptieren, dass die Veränderungsbereitschaft und Veränderungsfähigkeit der Menschen, Prozesse und Abläufe häufig gering ist.

Stellen Sie sich auf eine große Zähigkeit beim Angehen und Umsetzen von Veränderungen ein. Es ist übrigens häufig nicht nur Unwilligkeit oder das mangelnde Training, sondern auch die Diskussions- und Meinungsvielfalt, die die Menschen verunsichert und dadurch die Veränderungen noch langwieriger macht. Vor allen Dingen natürlich, wenn die Führung uneins ist oder auch erkennbar Widersprüche auftauchen.

Weiterhin sind Menschen nicht gewohnt, dass die Umsetzungserfolge näher betrachtet und angeschaut werden. Sie empfinden das schnell als Kontrolle und reagieren dann ablehnend und unwirsch darauf.

Nicht, dass es nicht in vielen Situationen notwendig und hilfreich wäre. Mitarbeitende sind es in diesem Führungsbetriebssystem einfach häufig nicht gewohnt, dass sich eine Führungskraft ihre Umsetzungserfolge im Detail anschaut.

Was aber in diesem Betriebssystem alle kennen, sind Führungskräfte, die lieber gleich alles selbst machen, weil sie sich den Ärger bei der Delegation lieber sparen. Ich habe einige auch hochrangige Führungskräfte im Betriebssystem *Kuschelecke* kennengelernt, die fast jeden Abend mit überwiegend sachbearbeiterischer Arbeit verbracht haben. An jedem Nachmittag verabschiedeten sich die Mitarbeiterinnen und Mitarbeiter ziemlich pünktlich, spätestens gegen 16.00 Uhr. Die Universitätsverwaltung leer. Die meisten Führungskräfte verließen die Universitätsverwaltung bis etwa gegen 18.00 Uhr. Nur der Kanzler selbst, der blieb jeden Abend bis 22.00 Uhr und länger und arbeitete die ganzen Unterschriftsmappen ab.

Mich erinnert das an eine Szene aus Asterix und Obelix. In der Folge *Asterix und Obelix in Ägypten* betrachten die beiden Protagonisten im ersten Bild 100 Arbeiter, die einen großen Steinquader auf Holzstämmen mühsam voranzogen. Im nächsten Bild sind nur noch ein Aufseher und ein Arbeiter da und mühen sich an dem – viel zu großen – Steinquader ab.

Auf die Frage, was die beiden da machen, erklärt der ägyptische Begleiter den beiden Galliern, die beiden würden *Überstunden* machen.

Anstrengend, aber weitgehend nutzlos.

Das gibt es auch in der Wirklichkeit. Kaum jemand nimmt das

aber wahr oder empfindet das als falsch. Alle haben sich an die (meist seit Jahren oder Jahrzehnten) vorhandenen Zustände gewöhnt. Viele Mitarbeiterinnen und Mitarbeiter halten die Schufterei der Führungskraft für deren persönliches Problem. Sie sehen gar nicht, wie verrückt die Zustände in dem System sind. Die, die damit nicht leben konnten, sind lange weg.

Themen sollen nicht gesehen werden

Solche Betriebssysteme tendieren oft zu **Verzerrungen der Realität**. Das sind häufig keine bewussten Lügen, sondern Sichtweisen, Meinungen und Einstellungen, die beibehalten werden sollen, obwohl die Faktenlage offensichtlich dagegen spricht. Sie kennen diese Verhaltensweisen aus dem Märchen: Des Kaisers neue Kleider. Erst das kleine Kind, angstfrei und ohne Betrachtung der Konsequenzen, traute sich, zu sagen, dass der Kaiser ja keine Kleider anhabe.

Mein (unbedachtes) Angebot an den Ansprechpartner beim städtischen Betrieb: Wir können heute nach 15.00 Uhr telefonieren. Was ich nicht im Blick habe: Es ist Freitag.

Antwort meines Ansprechpartners: „Oh, das geht leider nicht. Da bin ich heute ausnahmsweise mal weg."

Wir beide wissen: Er ist an keinem Freitag nach ca. 12.30/ 13.00 Uhr noch im Unternehmen. „Ab eins macht jeder seins", so der Spruch dieser Szene.

Er glaubt trotzdem (und möchte das auch weiter glauben), dass er Freitagnachmittags meist arbeitet.

Ein Pharmaunternehmen bat uns, zu untersuchen, womit sich ihr angestellter Apotheken-Außendienst inhaltlich und zeitanteilig beschäftigte.

Wir ließen die Menschen schätzen und stellten – transparent und mit der Personalvertretung abgestimmt – eigene Beobachtungen an.

Die Vertreter schätzten selbst einen Anteil von knapp über 40 Prozent Verweilzeit in der Apotheke. Real waren es keine 7 Prozent.

Wir Menschen sind so konstruiert, dass wir uns gerne etwas vormachen.

Der einfachste Weg zum Erfolg: Wir verändern die Statistik

Schauen Sie z. B. das System *Schule* an. Seit Jahren fehlt es allerorten gravierend an Lehrerinnen und Lehrern, die vor Ort unterrichten.

Es fehlt hingegen viel weniger an Menschen in den sich immer weiter aufblähenden Mittelbehörden in denen Reformkonzepte für neue Unterrichtsmethoden erdacht werden und die Richtlinienkompetenzen gebündelt sind.

Da die Zustände in der Realität als nicht mehr veränderbar betrachtet werden, wird einfach die Berichterstattung oder die Statistik etwas *angepasst*.

Oder am Beispiel Krankenhaus: Da ein hoher Stand dauerkranker Kolleginnen oder Kollegen als naturgegebene Konstante betrachtet werden, gewöhnt man sich eben an den Zustand.

„Ich habe einige Leute, die, wenn ich sie für zehn Tage Spätdienst einteile, spätestens am siebten Tag krank sind. Also bauen wir inzwischen die Dienstpläne um die üblichen Krankheiten herum".

Die Verantwortlichen in solchen Organisationen müssen sich gar nicht schlecht fühlen. Es wird ihnen in größeren Zusammenhängen vorgelebt:

Bei der Deutschen Bahn ist es zum Beispiel so, dass Züge, die ganz ausfallen, nicht als *unpünktlich* verstanden werden. Also tauchen sie – in der Logik des Kuschelecken Betriebssystems völlig klar – in der Pünktlichkeits-Statistik gar nicht mehr auf.

Verbindlichkeit ist häufig schwach ausgeprägt

Sie müssen als Mensch, der etwas bewegen will, wissen, dass Sie das oft nicht können und auch nicht immer sollen.

Was Menschen, die auch andere Betriebssysteme kennen, oft auffällt, ist die häufig **mangelnde Verbindlichkeit bei der Arbeit**. Es äußert sich in Kleinigkeiten: Meetings sind nicht strukturiert, haben keine klare Agenda und kein Tagesordnungs-Raster, nach dem gearbeitet wird. Menschen kommen zu Treffen ohne Vorbereitung und klare Rolle. Verbindliche Ergebnisse werden nicht erreicht, Workshop-Vereinbarungen, obwohl aufwendig diskutiert und entwickelt, werden nicht mitgeschrieben oder im Nachhinein nicht als verbindlich betrachtet.

Ein Zwischen-Meeting in einem agilen Software-Umstellungsprojekt nach einer *Sprint-Phase*: Zehn Menschen im Raum, alles Projektteilnehmer, zwei haben bis zum vereinbarten Termin geliefert, acht nicht. Begründung: „Wir hatten so viele andere Meetings". Keine Reaktion, keine Empörung. Das ist für alle Normalität. Es passiert nichts. Die, die sich **nicht an Zusagen und Vereinbarungen** halten, bekommen sogar Verständnis ob der vielen Arbeit.

Arbeitet man in Organisationen mit dieser Führungskultur, stellt man immer wieder fest, dass Themen in Seminaren und Workshops oft (auch Jahre lang) immer wieder *besprochen* werden, aber keine Lösung dabei herum kommt. Der Leidensdruck ist zwar bei einem Teil der Mitarbeiter und Führungskräfte diffus da, das heißt aber nicht, dass die Verantwortlichen diesen auch kennen, verstanden haben oder auch als solchen so sehen.

Häufig haben die Betroffenen zwar den misslichen Zustand mehrfach angesprochen, dann aber irgendwann in der Hoffnung aufgegeben, dass es ja mal irgendwer irgendwann merken müsste. Dann treffen die Entscheider häufig – auch benötigte – Entscheidungen nicht, daher werden Themen keiner Lösung zugeführt. Also bleibt es bei der Problembesprechung durch die Betroffenen.

Umgang mit Schlechtleistern

Ganz besonders schwer tut sich dieses Betriebssystem mit **Schlechtleistern**.

Ihnen wird in diesen Führungskulturen häufig nicht gesagt, dass sie Schlechtleister sind. Nicht, weil man es nicht wüsste. Zum Teil bringen diese Mitarbeiterinnen und Mitarbeiter und auch Führungskräfte seit Jahren oder Jahrzehnten erkennbar kaum Leistungen.

Eine offene Rückmeldung über die nicht ausreichende Leistung oder gar ein Aufzeigen von Konsequenzen wird jedoch regelmäßig nicht durchgeführt, weil die Kollegin oder der Kollege sehr viele Möglichkeiten hat, sich gegen dieses Feedback aktiv oder passiv zu wehren. Aktiv mit Hilfe von Institutionen, die früher einmal aus gutem Grund geschaffen wurden, sich aber stellenweise verselbständigt haben und Klientelpolitik nicht im Sinne des Unternehmens, sondern im Sinne der eigenen Wiederwahl (Personalvertretung, Gleichstellungsbeauftragter, …) betreiben. Oder passiv, durch Vermeidung oder Entfernen aus der Situation bis hin zu monatelangen Krankschreibungen.

Jede Führungskraft in diesen Systemen und jeder Berater kennt die **hohen Prozentsätze von leistungsgeminderten oder dauerkranken** Mitarbeiterinnen und Mitarbeitern, die hier als naturgesetzliche Konstante akzeptiert oder auf Kosten der Allgemeinheit in den weit vorgezogenen Ruhestand entlassen werden. Bei der Berufsgruppe *Lehrer* inzwischen ein echtes Problem, weil nicht genug nachwachsen.

Fallbeispiel Krankenhaus

Wir sind in einem Krankenhaus einer vom Mittelstand geprägten Großstadt. Für ein Haus dieser Größe gut geführt, mit vernünftiger Projektkoordination und sogar bereits 2018 einem etablierten Bereich für die zukünftige Digitalisierung.

Krankenhäuser leben im Kern häufig noch eine aus dem ärztlichen Bereich resultierende hohe Hierarchie. Die Anfänge der heutigen Chirurgie lagen ja auch beim Wundarzt auf den Schlachtfeldern und bestimmte Themen haben sich bis heute tradiert. Ich habe noch scharfes Werkzeug im chirurgischen OP fliegen gesehen. Gruselig.

Innerlich ist die funktionale Hierarchie vergangener Tage aber inzwischen ausgehöhlt. Sie ist häufig nur noch nach außen aufrechterhalten und in Titulaturen sichtbar. Im Innenverhältnis kann der Oberarzt noch nicht mal dem mit ihm zusammenarbeitenden Gesundheitspfleger eine verbindliche Anweisung geben, die dessen Prozesse oder Abläufe betrifft und über die aktuelle, rein medizinische Anordnung hinausgeht. Hier ist nämlich eine andere Führungsorganisation (die der Pflegeorganisation mit den Hierarchieebenen Stationsleitung, Bereichsleitung, Pflegedienstleitung und Pflegedirektion) zuständig. Und im Bereich der Verwaltung sind wieder andere Rollen angesiedelt, auf die er auch keinen direkten Einfluss ausüben kann.

Diese Säulenbildung führt zu sehr kastrierten Hierarchien ohne Weisungs- und Durchgriffsrechte. Ein vernünftiger lateraler Durchlauf der Patientinnen und Patienten durch das Haus ist so nicht mehr hinzubekommen. Mit entsprechenden Frustrationen für alle Beteiligten.

Auf der anderen Seite greifen gerade in städtischen oder öffentlich finanzierten Häusern oder Universitätskliniken bei der Belegschaft alle schützenden und individualistischen Elemente der Kuschelecken-Betriebssysteme. Jeder kann sich ganz langwierig, grundsätzlich und ausführlich gegen alles zur Wehr setzen, was ihm oder ihr gerade nicht passt.

Und ganze Heerscharen von freigestellten Helfern stehen allzeit bereit, sollte versucht werden, die Freiheit der Selbstbestimmung des Einzelnen einmal zu Unrecht den Erfordernissen des Ablaufs oder dem kollektiven Erfolg der Organisation unterzuordnen.

Die Führungskultur dieses Hauses entspricht – wie bei vielen Krankenhäusern – am ehesten der der Kuschelecke. In unserem Fall durch eine agile, umsichtige und verehrte Geschäftsführung mit etwas Bergsteiger-Einstrahlungen. Diese Kulturen setzen auf Kontinuität. Mitarbeitende und Führungskräfte sind oft langjährig im Unternehmen beschäftigt. Die Prozesse und Abläufe häufig sehr langlebig im Sinne von *lange schon so gelebt. Sie sind aber meist* weder einfach noch robust oder standardisiert genug, als dass man schnell und einfach neue oder weitere Menschen einarbeiten könnte. Verständlich und einfach beschrieben sind sie nur in den seltensten Fällen.

Wenn man Krankenhäuser aus einer Prozess- und Ablaufperspektive anschaut, kann man gut sehen, dass die Organisationen meist nicht aus einer Patientenzentrierung, sondern oft aus einer klassischen Arztzentrierung heraus aufgebaut ist. Die ärztlichen Disziplinen sind nach Fachrichtung konzentriert und die von diesen Disziplinen behandelten Patienten möglichst nah dazu untergebracht.

Die Denke, eine Organisation in Stationen und ärztliche Fachrichtungen einzuteilen und durch diese Einteilung auch die Ablauforganisation wesentlich zu prägen ist jedoch in Zeiten immer älter werdender Patienten mit multiplen Krankheitsbildern nicht mehr zeitgemäß.

Würde man die Aufbau- und Ablauforganisation von Krankenhäusern in Richtung einer konsequenten Patientenorientierung verändern, wären ganz andere Möglichkeiten im Hinblick auf Einfachheit, Übersichtlichkeit, Patientenzufriedenheit, ganzheitlicher Versorgung und Kosteneffizienz denk- und erzielbar. Die Grundlagen der heutigen Organisationen und der Abläufe im Krankenhaus wurden vor vielen Jahrzehnten gelegt und seitdem sind viele Generationen von Ärzten und Pflegekräften es gewohnt, es so vorzufinden und finden sich in dem System zurecht.

Impulse von außen kommen nur selten. Nur wenige Menschen aus Branchen, die sich mit Prozessen, Abläufen und deren Optimierung intensiv beschäftigen, wechseln in die recht geschlossene Krankenhausszene.

Die ja in vielerlei Hinsicht positive Konstanz und Kontinuität des Betriebssystems produziert auf der einen Seite oft gruppenweise miteinander reifer werdenden Menschen, bewirkt in miteinander älter werdenden Organisationen aber leider auch nicht selten eine *Das haben wir schon immer so gemacht-* oder *Das haben wir noch nie so gemacht*-Mentalität. Mit dem allerdings zunehmend verbreiteten Störgefühl nachwachsender Generationen zwischen Dr. Google und dem etwas heruntergekommenen Gebäude aus der Jugendstilzeit. Zwischen e-health auf youtube und mangelnder Augenhöhe zwischen den Berufsgruppen.

Disruptive Quantensprung-Veränderungen im Sinne einer anderen Denke sind daher in absehbarer Zeit kaum zu erwarten.

(Anmerkung des Autors: Nicht zuletzt deshalb sollte man sich davor hüten, Zukunftsdiskussionen nur mit den langjährigen Mitarbeitenden zu gestalten. Insbesondere viele ältere Führungskräfte und Manager tendieren sonst oft dazu, die Erfolgsfaktoren der Vergangenheit immer wieder neu zu erfinden.)

Die verbreitet mangelnde Motivation in der Pflege frustriert die Ärzte. Die Pflege fühlt sich überfordert durch immer aufwendigere und komplexere medizinische Behandlungsabläufe. Besonders frustriert ist aber die als zu gering empfundene Wertschätzung. Pflege fühlt sich landauf landab oft nicht auf Augenhöhe gesehen, behandelt und wertgeschätzt.

Und häufig wird sie es de facto auch nicht.

Diese im Laufe der Jahre immer höher gewordene Frustration findet an vielen Stellen noch Verstärkung durch das mehr oder weniger dysfunktionale Arbeiten einer städtischen Verwaltung. Auch diese Berufsgruppe fühlt sich oft auch nicht genügend wahrgenommen, gesehen und wertgeschätzt. Dafür gibt es aber unendliche Mengen von Teilzeitverträgen, Wiedereingliederungsmaßnahmen, Mütter, die ab der sechsten Schwangerschaftswoche nicht mehr arbeiten kommen, Altersteilzeitler, Stellen für leistungsgeminderte Kolleginnen und Kollegen, und, und, und.

Viele Manager und Führungskräfte im Krankenhaus wissen gar nicht, wie man diese hoch individualisierten Welten um alles in der Welt zu einem leistungsorientierten Zusammenspiel bringen soll. Und es gibt es gibt zusätzlich auch an manchen Stellen einen im öffentlichen Dienst nicht ganz untypischen verwaltoiden Schlendrian.

Von außen wird ökonomischer Druck ausgeübt

> *Das ist schön bei uns Deutschen;*
> *keiner ist so verrückt,*
> *dass er nicht einen noch Verrückteren finde,*
> *der ihn versteht.*
> *(Heinrich Heine)*

Gesellschaftlich passiert aber nun mit der sich selbst immer weiter in den Abgrund hineinmanövrierenden Führungskultur folgendes:

Im **Stil der Galeeren-Welt** (hohe Vertikalität bei hoher Effizienz-Orientierung) werden wirrste Versuche gemacht, das immer teurer werdende planwirtschaftliche Chaos in den Griff zu bekommen.

Was als gute Idee (*Fall-Pauschale*) begann, haben der deutsche Gründlichkeitswahn und die Lust an der Bürokratisierung gründlich zerstört.

Ein einfaches australisches Abrechnungssystem einzuführen, ohne australische Mentalität mit zu implementieren, mit diesem System umzugehen und es robust, einfach und handhabbar **zu lassen,** ist vorhersehbar zum Scheitern verurteilt.

Sie können diese deutsche Eigenschaft – die ja für viele Industrien, Leistungen und Produkte wirklich eine Stärke unserer Mentalität und Geisteshaltung ist – in vielen Bereichen sehen.

Die zugrundeliegende Kraft ist altbekannt und hat schon viele Erfolge produziert: *Made in Germany* war ursprünglich eine Sanktion der Engländer, die ihre Landsleute auf die angeblich schlechtere Qualität der (nicht selten den englischen Werkzeugen und Maschinen nachgemachten) deutschen Produkte hinweisen sollte.

Leider waren die dann doch häufig nicht so schlecht, wie vermutet, sondern im Gegenteil qualitativ ganz gut und auch noch günstig. So kehrte sich das Stigma-Etikett in eine Verkaufshilfe um.

Das Fallpauschalen-System wirkt. Die Verweildauer wurde verkürzt. Die Effizienz wird gesteigert. Leider werden die frei gewordenen Betten mit anderen Patienten gefüllt. Der gestiegene Arbeitsanfall ist nicht nur gefühlt.

Mit Über-Bürokratisierung wird versucht, die Planwirtschaft durchzusetzen

Damit die Krankenkassen aber nicht alle vom Krankenhaus abgerechneten (das ist etwas anderes, als die erbrachten) Leistungen bezahlen müssen, werden bei den Medizinischen Diensten der Krankenkassen (MdK) immer mehr Medizincontroller angestellt. Die überprüfen dann immer kleinteiliger, was an der jeweiligen Fallabrechnung nicht stimmt oder stimmen kann oder vielleicht stimmen könnte.

Es geht nicht um die Frage, welche Leistung wurde erbracht, sondern welche wurde so fein säuberlich dokumentiert, dass eine Streichung durch den MdK nicht möglich ist.

Damit die Krankenhäuser aber alle erbrachten Leistungen – oder zumindest die glaubhaft erscheinenden – auch möglichst gut abrechnen können, werden eben auch hier immer mehr Medizincontroller eingestellt. Die geben den Ärzten und Krankenschwestern hausinterne Richtlinien vor, welche Diagnosekombinationen oder Zusatzdiagnosen besonders lukrativ abrechenbar sind. Die Verwaltung der Häuser blähen sich immer weiter auf.

Der ökonomische Druck führt zu immer bürokratischeren Rechtfertigungszwängen. Ob QM oder PK-S, fast alle Berufsgruppen im Krankenhaus verwenden inzwischen wesentliche Teile ihrer Arbeitszeit mit immer kleinteiligerer Dokumentation.

Mindestens zwei Berufsgruppen verzweifeln inzwischen im Alltag deutschlandweit auf breiter Front an dem bürokratischen Hase- und Igel-Spiel Schwachsinn:

Die beiden zentralen Berufsgruppen der Ärzte und der Pflege.

Die beiden Berufsgruppen, die jeden Tag versuchen, noch irgendeine Rest-Vernunft im System zu halten.

Die Lust an der Bürokratisierung, an der Perfektionierung der Ausnahme- und Einzelfallregelung hat eine Regelungswut entfesselt, die immer mehr Kapazitäten des gesamten Systems für die Selbstverwaltung verbraucht.

- Nutzen für den einzelnen Patienten – gering bis nicht erkennbar.

- Demotivationspotenzial für die Mitarbeiter – hoch

- Nutzen für die Allgemeinheit – gering

- Kosten für die planwirtschaftlich organisierte Gesundheitsfürsorge – gigantisch

Und: Der bürokratische Irrsinn breitet sich infektiös aus:

Eine Untersuchung der Kassenärztlichen Bundesvereinigung von 2017 zeigt auf, dass ca. 60 Arbeitstage in jeder ärztlichen Praxis für die Bewältigung der administrativen Aufgaben aufgewendet werden müssen.

Anders ausgedrückt: Eigentlich müssten Ärzte jede Woche einen Tag ihre Praxis für Patienten geschlossen halten, um den bürokratischen Verwaltungs- und Dokumentationsaufwand zu erledigen.

Wen wundert es, dass sich ernsten Schätzungen zufolge über 90 Prozent der angestellten Ärzte nicht niederlassen, weil ihnen der Bürokratieaufwand zu hoch ist.

Die Folgen innerhalb des Krankenhauses sind auf vielen Ebenen fatal: In Spitzenzeiten haben 20 Prozent der approbierten jungen Ärzte Deutschland verlassen. In Norwegen, der Schweiz, in Großbritannien und den Niederlanden ist Arzt-Sein nicht so viel anders, aber die Arbeitsbedingungen so viel besser.

Die Berufsgruppe Ärzte muss – weil sich immer weniger Studenten für den ehemaligen Traumberuf *Arzt* entscheiden – mit immer mehr kostengünstigen Assistenzärzten aus dem

Ausland zurechtkommen, um wenigstens die notdürftigsten Lücken zu schließen.

200 Tsd. Euro kostet unsere Volkswirtschaft der Spaß. Pro Arzt. Im Durchschnitt.

Die, die bleiben, sind inzwischen aber ganz anders gestrickt. Sie gehören jüngeren Generationen an. Eine ihnen unangenehm erscheinende Arbeits-Situation wird schnell wieder verlassen. Sie sind jung und dürfen noch darauf hoffen, dass es woanders viel besser wird, man viel mehr Geld verdient, weniger arbeiten muss und viel mehr lernt.

Auch führt die Situation der schnell entschwindenden Assistenzärzte dazu, dass viel schneller und öfter Assistenzärzte zu Oberärzten ernannt werden, um wenigstens mit beruflichem Status zu motivieren.

Das wiederum führt allerdings dazu, dass noch mehr Ärzte wegfallen, die für den Stations- und Schichtdienst zur Verfügung stehen, denn den macht der Oberarzt ja häufig nicht mehr mit.

Sowohl die Pflege, als auch die Mitarbeitenden der Verwaltung reagieren auf mangelnde Anerkennung und Wertschätzung mit nachlassender Leistung, Unlust und steigenden Fehlzeiten.

Und das alles auf dem Rücken der immer älter und anspruchsvoller werdenden Patienten.

Wir führen einen Workshop für den Personalbereich eines Krankenhauses durch. Wie so häufig, sind auch hier einige Menschen extrem lange beschäftigt, mehrere haben sogar ihre Ausbildung im Haus gemacht.

Das führt auf der positiven Seite zu ausgewogeneren Entscheidungen mit Augenmaß; radikale und modische Fehlentwicklungen werden vermieden. An manchen Stellen taucht aber leider auch viel Verharren auf.

Das Krankenhaus selbst hat echte Schwierigkeiten. Es liegt in einer mittleren deutschen Großstadt, unattraktive Lage. Wie in allen Krankenhäusern in Deutschland mangelt es an Ärzten, Mitarbeitenden in der Pflege und an spezialisiertem Personal wie z. B. für das Labor oder die EDV. Es handelt sich um so starke Schwierigkeiten, dass inzwischen Positionen mehrere Monate oder sogar Jahre nicht besetzt werden können.

Besonders nachteilig für das Haus ist es aber, wenn die Umsatzbringer fehlen. Eine fehlende Besetzung einer Assistenzarzt-Position senkt den Jahresumsatz des Hauses schon mal um bis zu 800 Tsd. Euro.

Junge Menschen finden den Beruf *Arzt* insgesamt nicht mehr so attraktiv. Als ich meinen Schulabschluss gemacht habe, wollten noch 20 bis 30 Prozent der Abiturientinnen und Abiturienten Medizin studieren.

Über 70 Prozent der Studenten der Medizin sind heute weiblich, steigender Prozentsatz. Die jungen Männer schaffen häufig den notwendigen Notenschnitt nicht mehr.

Mitarbeiter-, Kunden- und Patientenzentrierter denken

Wenn man als Verantwortlicher diese Entwicklung erkennt, würde ein weitsichtiges Unternehmen vielleicht:

- eine kostenfreie 24/7 Rund um die Uhr Versorgung für Kinder jeglichen Lebensalters;

- mit den nettesten und liebevollsten Erzieherinnen und Erziehern;

- super gut ausgestattet;

- mit kostenfreiem Hol- und Bringdienst aufbauen.

Dann würde man über eine entsprechende Webseite (Facebook und Instagram)

- eine virale Kampagne dafür lostreten

- und auf allen Ärzteportalen für bezahlte, redaktionelle Inhalte über diese High-End Kita sorgen.

Nicht so ein Krankenhaus einer deutschen Mittelstadt. Verstrickt in die Lokalpolitik ist es zerrissen in gegenläufigen Partikular-Interessen und dadurch fast unbeweglich. Weder ist diese Form von Kita in dem Städtchen so machbar (dank ausgiebigem Träger-Gerangel), noch sind die Marketing-Maßnahmen dafür vorstellbar.

Immerhin gibt es inzwischen für das Haus ein Bewerberportal im Internet.

Zu Ende gedacht ist es jedoch noch nicht.

Es fehlen z. B. zielgruppenrelevante Informationen zum Personalmarketing.

Damit meine ich nicht die üblichen bunten Bildchen einer sich gerne grundsteinlegend abbilden lassenden Geschäftsführung, sondern Informationen darüber, warum gerade dieser (als solcher eben nicht besonders attraktive Standort) für z. B. junge Assistenzärztinnen auf dem Weg zur Oberärztin und mit geplantem Nachwuchs in den nächsten zwei bis drei Jahren nun möglicherweise doch wieder sehr attraktiv sein kann.

Kein Mensch im Hause macht sich die Mühe, ehemalige Praktikantinnen, Famulantinnen, PJ-lerinnen oder Assistenzärztinnen in eine Datenbank zu bringen und zwei bis dreimal im Jahr mit interessanten Informationen der möglichen Arbeitsstätte in ihrer Heimatstadt und oft auch dem Noch-Wohnort ihrer Eltern und Schwiegereltern zu versorgen.

Vielleicht sind Köln, Hamburg, München und Berlin mit zwei kleinen Kindern, ohne Eltern und Schwiegereltern in der Nähe, doch nicht mehr ganz so attraktiv, wenn das Paar mit Mitte 30 feststellt, dass sie bereits vier Jahre nicht mehr im Kino und noch nie im Theater der Metropole – *die ja alles bietet* – waren.

Das Krankenhaus hat zwar keine High-End-Kita zu bieten, wie oben geträumt, aber die Region selbst wenigstens eine Vollversorgung an Kitas und Schulen. Und keine sozialen Brennpunkte. Und keine Waffenkontrollen an den Schulen. Und keine besonderen Drogenprobleme. Und die besten Fahrradwege der Region. Und, und, und.

Effizientere Prozesse für Routine-Aufgaben

Die Prozesse nach dem Bewerberportal sind allerdings recht steinzeitlich. Die von den Bewerberinnen und Bewerbern elektronisch eingereichten Unterlagen werden im Personalwesen ausgedruckt und per Hauspost an die Verantwortlichen verteilt. Die melden sich – je nach Leidensdruck und persönlicher Prioritätensetzung (und manchmal auch individuellem Chaotismus) mal mehr, mal weniger schnell zurück.

Die Personalabteilung rennt also überwiegend den Entscheidern hinterher. Bis die sich bequemen, endlich mal Termine für Vorstellungsgespräche zu machen, können auch gerne Wochen ins Land gehen.

Oft haben sich die Bewerberin oder der Bewerber zu diesem Zeitpunkt auch schon entschieden – und zwar für eine andere Stelle.

Die Personalabteilung ist ansonsten überwiegend mit Verwaltung beschäftigt. Formulare und Bescheinigungen machen den Tagesinhalt aus. Sie ertrinken in der Flut von Betriebsratsanhörungen und sich stapelnden Unterschriften-mappen. „Ich hab keine Lust mehr, hier der Haupt-Sachbearbeiter zu sein", sagte mir der Personalleiter, der dann auch konsequenterweise wenig später kündigte.

Zu wertschöpfenden Tätigkeiten, wie etwa einer Verbesserung der Prozesse, kommen sie fast nie. Und – nur aus sich selbst heraus – könnte das auch sehr schwer fallen. Gegen Betriebsblindheit kann man sich nur schwer wehren.

Eines der Hauptprobleme in diesem Betriebssystem ist der inzwischen bei vielen Menschen zu hohe und nicht zu geringe Freiraum

Einer der tieferliegenden Gründe für die wuchernde Komplexität in solchen Organisationen ist es, dass jeder Hierarch – ob aus der Medizin, der Pflege oder der Verwaltung – sich Prozesse und Abläufe im eigenen Verantwortungsbereich wünschen und gestalten lassen kann, wie sie oder er es denn gerne hätte. Gerne auch schon mal ohne Rücksprache mit den fachlich kompetenten Verantwortlichen und Betroffenen. Im Laufe der Jahre ist der die Organisation verbindende und zusammenhaltende Werte-Kanon „Das macht man so nicht…", „Das mögen wir hier gar nicht…", „Das wollen wir so nicht…" immer geringer und die vielgestaltige Individualität immer größer und zum Teil durchaus auch pretiöser geworden.

Das führt über die Jahre zu einem in der Komplexität kaum mehr beherrschbaren Durcheinander parallel verlaufender individualisierter Prozesse, die sich dem Versuch einer Rationalisierung oder sogar Automatisierung auch sehr wirksam widersetzen würden.

„Der Y-Bereich möchte es gerne so, während Herr Z es lieber so hat." Tja, kein Problem. Wenn man viel Geld hat.

Zusätzlich kommt noch erschwerend hinzu, dass Menschen, die in einer niedrig vertikalen, menschenorientierten Hierarchie sozialisiert sind, sich auch häufig ganz besonders gerne dazu verleiten lassen, Prozesse noch ein bisschen individueller, gefälliger oder um die speziellen Wünsche irgendwelcher Hierarchen oder Betroffenen herum zu bauen.

Sie halten solche Lösungen dann für besonders kundenorientiert, für besonders qualitativ oder hoffen auf Anerkennung durch die internen Kunden. Dadurch werden die umständlichen Prozesse noch komplexer, anfälliger und noch aufwendiger, als sie es bereits sind.

Wie sehr Führungskräfte und Mitarbeitende in ihren Gedanken- und Erfahrungswelten gefangen sind, merkt man z. B. an vielen Stellen in Workshops zu diesen Themen, die wir für unsere Kunden nach deren Bedarf veranstalten.

Viele Vorschläge, die auf Vereinfachung, Standardisierung oder Effizienzsteigerung hinauslaufen, lösen erst einmal Unverständnis aus.

Nicht, dass sich die Mitarbeitenden nicht vorstellen können, weniger Arbeit mit einfachen Verwaltungstätigkeiten zu haben.

Sie haben wirklich keine Vorstellung, wie man die handelnden Personen dazu bekommen könnte, bei solchen Themen mitzumachen, wie solche Ideen in der Realität ihres Hauses funktionieren könnten.

Themen wie *Employer Self Service* entziehen sich im Moment noch weitgehend dem Vorstellungshorizont.

Die Teilnehmerinnen und Teilnehmer haben sofort Herrn Chefarzt Y vor Augen und stellen sich vor, wie jemand, der heute noch nicht mal seine E-Mails liest, sich selbst bei Nachfragen und Bitten nicht zurückmeldet, sich zukünftig die Bescheinigungen für seine Krankenkasse selbst ausdrucken soll. Und sie haben den Kollegen aus der IT vor ihren Augen, der wortreich erklärt, warum das alles nicht geht.

Was die Teilnehmerinnen und Teilnehmer im Moment noch verkennen ist, dass irgendwann auch die nächste Generation Chefärzte kommt. Und die sind zwar noch keine *Digital Natives* aber wenigstens *Digital Immigrants*. Sie benutzen zuhause ihr iPad und buchen ihren Urlaub über das Internet. Diese Generation hat dann zumindest eine Ahnung, was IT und Prozessverschlankung für die Organisation leisten könnte.

Zusätzlich sind viele Mitarbeitende leider auch noch gewohnt, dass Themen, die in der Vergangenheit als Effizenzsteigerung verkauft wurden, in der realen Anwendung des Alltags in der Klinik dann doch nicht so gut funktionierten. Entweder durch eine unvollständige Implementierung oder durch die mit viel Mühe gemachte, sehr individuelle Anpassung mit ganz vielen Ausnahmen und Sonderlocken verursachen die unvollständigen Implementierungen und die vielen Medienbrüche bis heute jeden Tag sehr viel Arbeit.

Meist hörte der Spaß nach der günstig eingekauften neuen

Basis-Software auf, wenn Ergänzungsmodule oder vernünftige Schulungen notwendig wurden. Dann fehlte oft das Geld, das Know-how oder die Bereitschaft, es *richtig* umzusetzen.

Zu guter Letzt kommt in der Führungskultur *niedrige Vertikalität bei hoher Menschenorientierung* noch dazu, dass Menschen in ihrer Individualität in solch einer Führungskultur kaum verpflichtbar sind, wenn sie es nicht möchten.

„Mit SAP zu arbeiten fang ich doch jetzt nicht mehr an".

Jetzt, 7 Jahre vor der Rente.

Der Chef sitzt daneben.

Und sagt nichts.

Natürlich sagt er nichts.

Er weiß: Wenn er dazu etwas sagt, etwa in der Form „Wir alle müssen lebenslang lernen" oder „Das Thema X haben wir zusammen doch auch gut hinbekommen", ist sie oder er möglicherweise pikiert, fühlt sich angegriffen, nicht wertgeschätzt, zu wenig respektiert oder – schlimmer noch – verärgert und ist dann möglicherweise – so eine nicht unübliche Befürchtung – schnell gleich mal eine Woche in ihrer Verärgerung krank.

Dabei wirkt die Dame eigentlich überhaupt nicht rückständig oder altbacken.

Sie telefoniert digital, sieht digitales Fernsehen, bestellt ihre Schuhe über das Internet, hat ein digital funktionierendes Smartphone und das Konto bei ihrer Bank wird digital geführt.

Sie hat nur einfach keine Lust, sich mit den für sie neuen Themen auseinanderzusetzen.

Sie ist ja darin auch nicht trainiert.

Und: Es wurde in den letzten 40 Jahren auch nicht von ihr verlangt, sie muss es in ihrem Betriebssystem auch nicht.

Wenn sie es von ihrer intrinsischen Leistungsmotivation her nicht so gerne mag, muss sie sich nicht zusammenreißen. Es gibt weder äußere Anreize, noch Nachteile. Sie hat mit ihrer offen zur Schau getragenen mangelnden Motivation weder Angst vor Kritik, noch vor Unwillen von Chefs oder Kolleginnen und Kollegen, noch vor Konsequenzen.

Der Chef kann es in seiner Führungskultur nur durch Sinnstiftung, durch Überzeugung oder gutes Zureden versuchen. Quasi mit der Wandergitarre der Überzeugungstäter: „Es ist gut…, Es wäre doch so schön…, Wie toll wäre es…", läuft er tagaus, tagein unter anderem auch gegen diese Mischung aus Desinteresse, Bequemlichkeit und mangelnder Lern- und Leistungsbereitschaft an.

Ohne die Chance, Menschen dazu zu bekommen, ihre individuelle Selbstbestimmung zumindest phasenweise einem höheren Ziel zu unterstellen, ist er bei solchen Themen – wie bei vielen anderen eben auch – fast hilflos.

Was passiert, wenn Kuschelecken-Kulturen in Schwierigkeiten oder starken Veränderungsdruck geraten?

Diese Entwicklungen kann man z. B. bei privatisierten ehemaligen Staatskonzernen gut beobachten. Solange die wirtschaftliche Situation noch halbwegs akzeptabel ist und Restrukturierungsmaßnahmen sozialverträglich umgesetzt werden können, stellen sich Mitarbeitende und Führungskräfte auch bei Problemen oder mangelnder Leistung noch schützend vor das Unternehmen und argumentieren, warum es gerade jetzt bei diesem Kunden oder in diesem Fall (ausnahmsweise) nicht funktioniert hat.

Bei weiter anhaltenden Schwierigkeiten oder auftauchenden Innovationen oder Wettbewerbern tendieren diese Kulturen dann nie zum **Additions-**, sondern fast immer zum **Subtraktions-Business**. Es wird nur selten daran gearbeitet, wie man die Leistung für den Kunden erhöhen könnte, damit dieser eine höhere Bezahlbereitschaft hat, sondern der ursprüngliche Leistungsumfang wird immer mehr reduziert.

Auch bei ehemals im Staatsbesitz befindlichen Airlines kann man das gut beobachten. Die ursprüngliche Leistung wird zum gleichen oder leicht günstigeren Preis angeboten, aber die Qualität wird verringert. Die Stuhlreihen werden immer enger, das Essen immer schlechter, der Status-Warteraum immer überfüllter.

„Ich wurde ausgebildet, um exzellenten Service zu leisten", so eine frustrierte Mitarbeiterin, deren Qualitäts- und Dienstleistungsverständnis offensichtlich nicht mehr zur aktuellen Philosophie und schon gar nicht mehr zur aktuellen Service-Philosophie ihres Arbeitgebers passt.

„Die Lounge wird in 15 Minuten geschlossen".

Für die auf die abendlich – wie fast immer – verspätete Maschine wartenden Passagiere schon eine Normalität, die sie inzwischen resigniert hinnehmen. Sie erwarten gar nicht mehr, dass der Abendflieger pünktlich ist. Sie erwarten vom rigiden Rumpel-Service Unternehmen auch nicht mehr, dass – wenn es schon verspätet ist – wenigstens für die oft fliegende Kundschaft seine Lounge länger offen lässt.

Der oft teuer bezahlte Prozess pünktlicher Beförderung klappt wieder mal nicht, der **Subtraktions**-Prozess, die Lounge aus Kosteneinsparungsgründen aber immer früher zu schließen, klappt dagegen schon.

Es wird – auf dem Rücken der zahlenden Kundschaft und der Shareholder – alles versucht, nur nicht an die erworbenen oder gewährten Privilegien von Führungskräften und Mitarbeitenden gehen zu müssen, obwohl man sich die Komfort-Ausstattungen der Vergangenheit eigentlich nicht mehr leisten kann. (Z. B. eine Pension von Piloten mit 55 Jahren oder mehrere Weihnachtsfeiern für Pensionäre etc. pp.)

Wenn die wirtschaftlich problematische Situation zu lange anhält oder dramatisch wird, kippt die Situation allerdings. Die Frustration bei den Mitarbeitenden wird überstark und sie empfinden die Situation als dauerhaft belastend. Die Loyalität von Kunden und Mitarbeitenden sinkt dann kontinuierlich.

Wer hat auch schon Lust, in einem solchen Unternehmen zu

arbeiten? Jeden Tag aktiv daran mitzuwirken, dass das Produkt schlechter wird statt besser? So etwas frustriert viele Menschen in diesen Unternehmen.

Wenn bei Fluggesellschaften früher etwas schief ging, haben die Mitarbeiterinnen und Mitarbeiter gegenüber den Kunden und Passagieren meist noch versucht, Verständnis zu finden und das Unternehmen trotzdem noch irgendwie in einem guten Licht dastehen zu lassen. Inzwischen zucken selbst altgediente Mitarbeitende nur noch mit der Schulter oder schimpfen sogar gemeinsam mit dem Kunden.

Dann kann es sogar zur mehr oder weniger offenem Widerstand kommen, Verhaltensweisen wie Zynismus und Sarkasmus verbreiten sich. Ausgelebt auch gegenüber den Kunden. Die Besten sind zu diesem Zeitpunkt schon weg und die nicht so marktfähigen Kolleginnen und Kollegen gehen in die sichere innere Immigration.

Die Subtraktion des Kundennutzens zieht anschließend die Verschlechterung der Mitarbeitermotivation und dann der Mitarbeiterqualität nach sich. Wer glaubt, dass schlechte Mitarbeiter lukrativ sind, hat noch nie in einem solchen Unternehmen gearbeitet. Der Sinkflug ist vorprogrammiert.

Fallbeispiel Fluggesellschaft

München, August 2017: Einchecken über das iPhone mit der App der Fluggesellschaft nach Köln. Vollständig digital. So weit, so gut. Funktioniert.

Angekommen am Flughafen bei der Gepäckaufgabe, zeigt die Anzeigetafel 15 Minuten Verspätung an. Der erfahrene Reisende weiß: Es bleibt nicht dabei. *Keine Crew verfügbar.* Na Klasse. Wieder kein Ersatzteam da oder das existierende wird lieber für eine größere Maschine aufgespart, das ist wirtschaftlicher. Das Unternehmen hat im letzten Geschäftsjahr über zwei Milliarden Euro Gewinn gemacht.

Inzwischen leiden nicht nur ihre Mitarbeitenden, sondern die zahlende Kundschaft darf auch ihren Teil beitragen. Massive Verspätungen und Flugausfälle aus wirtschaftlichen Gründen sind an der Tagesordnung. Warum sind denen ihre Kunden so egal?

Abgabe des Koffers beim Schalter. Aufnahme des Koffers in die digitale Welt des globalen Koffer-Tracking-Systems. Klappt. Normal.

Angekommen am Schalter, folgt die ganze Wahrheit: Der Flug ist gecancelt. Der Kunde ist zum ersten Mal persönlich angegriffen. Warum cancelt die Gesellschaft den Flug? Ich checke das Flugwetter beim Deutschen Wetterdienst. Das Wetter auf der Strecke ist in Ordnung. Na, die Antwort ist ganz einfach: Weil der Flieger nicht ausgebucht ist. Dann lohnt er sich nicht. Die Maschine (und/oder die Crew) am Hub in München wird lieber als Ersatz für eine andere Strecke genommen, die besser gebucht ist. Das ermittelt die Steuerung des Flugbetriebs der Fluggesellschaft digital minutengenau. Lohnt es sich oder nicht?

Die Verärgerung der Passagiere ist egal. Sie sind nur noch Transportmaterial. Achtzig Prozent ihrer Erträge macht die Fluggesellschaft mit den Passagieren der First- und Business-Class. Wenn die Bagage auf den billigen Rängen unzufrieden ist: Egal. Die bringen sowieso keinen Ertrag.

Der Kollege am Abfertigungsschalter bucht die Hälfte des Fliegers auf einen Flieger der Konkurrenz um. Flug um 19:50 Uhr. Wie nett. Läuft. Eben digital. Die umgebuchten Passagiere werden leider nicht per Lautsprecher darüber informiert, dass und wer umgebucht ist, jeder muss sich selbst persönlich am Schalter informieren. Analoger Schwachsinn. Das dauert. Die sportlich fitten Passagiere hetzen vom Terminal 2 zum Terminal 1. Genau mein Humor.

Hier arbeitet ein junger Mitarbeiter am Check-in-Schalter der neuen Gesellschaft.

Outsourcing und Lohndumping haben für Passagiere fühlbare Folgen. Er spricht nur gebrochenes Deutsch und versteht nicht, was die aufgebrachte Gruppe vor seinem Schalter will. Der Wechsel zur englischen Sprache bringt nichts: Die spricht er noch schlechter.

„Flight closed, flight closed". Offensichtlich gab es keine Kommunikation zwischen der umbuchenden und der aufnehmenden Gesellschaft. Hätte ja auch analog über Telefon laufen müssen. Im System sieht er uns. Trotzdem keine Mitnahme mehr. Er versteht nicht, was wir wollen und ruft seinen Teamleiter an. Der verweist uns an die Kollegin am Ticketschalter zur Umbuchung. Die Passagiere versuchen, am Ticket-Schalter umzubuchen. Die Dame spricht auch kaum Deutsch, aber wenigstens Englisch. (Wir sind übrigens in München). Es war der letzte Flieger nach Köln/Bonn heute Abend. Ich habe die Nase voll.

Aus einem Facebook-Post zum Chaos bei der Fluglinie: „...sichtlich von dem Management im Stich gelassene Crews".

Der sich selbst verstärkende Schlendrian – wenn Du nicht, warum ich?

Ich erinnere mich an ein Team, dass ich über mehrere Jahre hinweg coachte.

Immer wieder tauchte in den verschiedenen Sitzungen ein Problem auf, das als solches geradezu lächerlich ist, aber allen Beteiligten die Problematik ihrer Führungssituation sehr deutlich vor Augen führte.

Es ging immer wieder um die Frage, wie die Gruppe es ermöglichen könne, dass gebrauchtes Geschirr nicht im Pausenraum abgestellt, sondern von den Benutzern selbst in die Teeküche zurückgetragen und der Reinigung zugeführt wird.

Das Thema war über Jahre vom Team selbst nicht hinzubekommen. Weder fühlten sich die einzelnen Geschirrbenutzer verpflichtet, entsprechenden immer mal wieder geschlossenen Vereinbarungen nachzukommen, noch war die liebe und durchsetzungsschwache Führungskraft in der Lage, die einzelnen Teammitglieder dazu zu bringen.

Entweder es opferten sich dann immer dieselben Teammitglieder mit einem erhöhten Team- oder Reinlichkeitsbedürfnis oder auch diejenigen, mit einer geringen Konfliktbereitschaft oder -fähigkeit. Natürlich reichte es denen auch irgendwann, dass sie offensichtlich immer ausgenutzt wurden, also räumte die Führungskraft das Geschirr häufig selbst weg und wurde dadurch zur wehrlosen *Mutti* und die undankbaren *Kinder* nutzten ihre Schwachheit gnadenlos aus.

Allerdings können nicht nur Kinder gnadenlos sein.

Leider tendieren gerade die zu lieben Führungskräfte dann ab und an dazu, dass sie das Gefühl haben, sie müssten sich jetzt endlich mal in genau dieser Frage durchsetzen und überziehen dabei dann häufig, machen sich dadurch lächerlich und halten die Verbote und Anweisungen natürlich auch nicht konsequent durch.

Solch ein Schlendrian breitet sich wie eine Infektion aus und langsam aber sicher werden auch andere Themen befallen. Später werden dann verbrauchte Materialien nicht nachbestellt und selbst wichtige Prozesse nicht nach Vorschrift ausgeführt.

Dann gehen die ersten Menschen weg, weil sie das Durcheinander nicht mehr ertragen, andere in die innere Immigration („Ich bin raus und kümmere mich nur noch um meine Sachen") und neue Leute kommen ins Team, die die Verhaltensfreiheiten sofort übernehmen. Es wird immer schlimmer mit der Arbeitsgruppe, sie bewegen sich immer weiter weg von einem Team.

Die einzige echte Chance bestünde darin, die Gruppe die Konsequenzen ihres Verhaltens bei den als solche unproblematischen Themen spüren zu lassen und gemeinsame Regelungen einzuführen, die dann konsequent – auch gegen *Wenns* und *Abers* oder gegen Widerstände – umgesetzt werden.

Was tun mit austherapierten Teams?

Einige Teilnehmer von Seminaren und Workshops in manchen Organisationen konsumieren angebotene Inhalte, wie auch die Inhalte der vorherigen Veranstaltungen der letzten Jahre und Jahrzehnte. Eine aktive Umsetzung des Gehörten und Erfahrenen in ihren (Führungs-)Alltag erscheint ihnen allerdings aussichtslos, sie versuchen es auch häufig erst gar nicht mehr.

Solche Seminare und Workshops haben eher einen Unterhaltungs- als einen Erarbeitungscharakter.

Einige Teilnehmer finden es am schönsten, dass man durch

den Besuch von Veranstaltungen nicht arbeiten muss, andere, dass die angebotene Verpflegung gut ist und viele, dass pünktlich mit der Veranstaltung – egal wie sinnvoll oder interessant – Schluss ist.

Alles wurde angeblich bereits ausprobiert, wenig wurde konsequent angewendet, wirklich organisationsweit eingeführt oder dauerhaft beibehalten.

In solchen Organisationen finden sich *austherapierte* Teams, voll mit kaum etwas bewirkenden Menschen und manchmal sogar ganzen Organisationseinheiten.

„Hatten wir schon", „Geht bei uns nicht", „Bring ja sowieso alles nichts", sind noch die netteren Kommentare bei egal welchem Vorschlag zur Verbesserung der Situation. Sie sind keine Anstrengungen mehr gewöhnt, kurzatmig und nicht mehr zu bewegen.

Heimschläfer nannte mein Mentor solche Systembewohner abschätzig in den jungen, wilden Beraterzeiten.

Ganz katastrophal: Viele von den Menschen in solchen Organisationen sind häufig sehr gut ausgebildet (sie haben ja auch viel freie Zeit und ihre Organisationen oft viel Geld in ihre Ausbildungen investiert). Eine oft hohe Zahl der Mitarbeiterinnen und Mitarbeiter sind ausgebildete Coaches, Change-Agents etc.

Trotz der Tatsache, dass sie wissen, was eigentlich Not täte, gibt es keine gerichteten Aktionen.

Die Menschen in diesen Arbeits-Biotopen sehen das häufig aber nicht so problematisch. Sie können sich gar nicht vorstellen, dass sich wirklich gravierend etwas ändert. Die Erfahrung vieler Menschen in solchen Führungssituationen ist entsprechend dem kölschen Grundgesetz: *Et is noch immer jut jegangen.*

Wenn man solche Zustände von außen etwas intensiver analysiert, kann man als Bürger, Versicherter, Beitrags- oder Steuerzahler öfter einmal verzweifeln. Es bedürfte massiver, disruptiver Veränderungen, um solche Strukturen aufzulösen.

Eine ganze Anzahl von Veränderungsprojekten liefen und laufen aber eben auch getreu dem Motto: *Wasch mich, aber mach mich nicht nass* und sind häufig eher Kosmetik, als real struktur- oder kulturverändernd.

Mit Personalentwicklung ist hier nichts mehr zu erreichen.

Den Gipfel der Glückseligkeit meiner beruflichen Laufbahn markierte ein nicht auffindbarer Professor. Samt Vorzimmer war er über ein komplettes Semester verschwunden. Nicht, dass er ein Forschungsfreisemester gehabt hätte, das wäre ja noch verständlich gewesen. Er hatte einfach vergessen, Bescheid zu sagen und sich abzumelden, dass er auf einer mehrmonatigen Forschungsreise im Ausland war.

In festgefahrenen Erstarrungssituationen gilt leider oft, was ein Manager von Ferrero einmal gesagt hat (und was sicher oft auch nicht stimmt):

„Wirkungsvolles Management geschieht durch Selektion, nicht durch Education."

Das Aufwands-/Ertragsmodell und die Folgen

Mit allem, was wir an unserem Arbeitsplatz tun, haben wir

einen gewissen Aufwand. Meistens besteht der in Zeit, Kraft und Anstrengungen. Oft kosten unsere Tätigkeiten auch Nerven, Stress und – nicht selten auch Gesundheit.

Abb. 3: Das Aufwands-Ertrags-Modell, Teil 1

Es handelt sich bei dem Modell nicht um objektive oder messbare Größen. Sie sind ausschließlich innere Repräsentationen, Abbildungen empfundener Wirklichkeit. Ob uns etwas viel oder weniger Kraft kostet, ist von vielen Faktoren wie Einstellung, Übung oder eigenen Zielvorstellungen abhängig.

Dem gegenüber stehen Erträge. Das sind meist Befriedigungen innerer Bedürfnisse. Unsere Tätigkeiten – übrigens nicht nur berufliche – sind Möglichkeiten, unsere Bedürfnisse nach Leistung, Anerkennung, nach Status oder Kontakt zu erfüllen. Diese Bedürfnisse unterscheiden sich bei Menschen bezüglich der individuellen Stärke der Ausprägung, aber auch ihrer jeweiligen Zusammensetzung. So gibt es Menschen, die das Glück (oder die Bürde, je nach dem) haben, viele Motive als Antreiber in sich zu haben. Andere haben das Pech (aber das erweist sich in manchen Situationen auch als Glück), nicht so viele unterschiedliche oder schwächer ausgeprägte Antreiber zu besitzen.

Abb. 4: Das Aufwands-Ertrags-Modell, Teil 2

Wie man in der Abbildung 4 unschwer sehen kann, ist die Ertrags-Säule kleiner als die Aufwands-Säule. Das ist in vielen abhängigen Beschäftigungen der Fall. Die Erträge, die wir aus den Tätigkeiten ziehen, sind im Durschnitt geringer als die Aufwände, die wir haben. Viele Tätigkeiten machen wir nicht nur, um die Erträge zu haben.

Es braucht noch zusätzliche Motivatoren und Anreize, damit wir die Tätigkeit dauerhaft ausführen. Arbeitgeber haben früh erkannt, dass eine zusätzliche Kompensation zur Auffül- lung der empfundenen Diskrepanz zwischen Aufwand und Ertrag notwendig ist. Üblicherweise wird die in Geld oder geldwerte Vorteilen gezahlt. Ob Gehalt, Altersversorgung, Bonuszahlungen oder ein geldwerte Vorteile gewährendes Dienstwagen-Model: Sie alle sollen die (empfundene) Diskrepanz zwischen dem (empfundenen) Aufwand und dem (empfundenen) Ertrag decken.

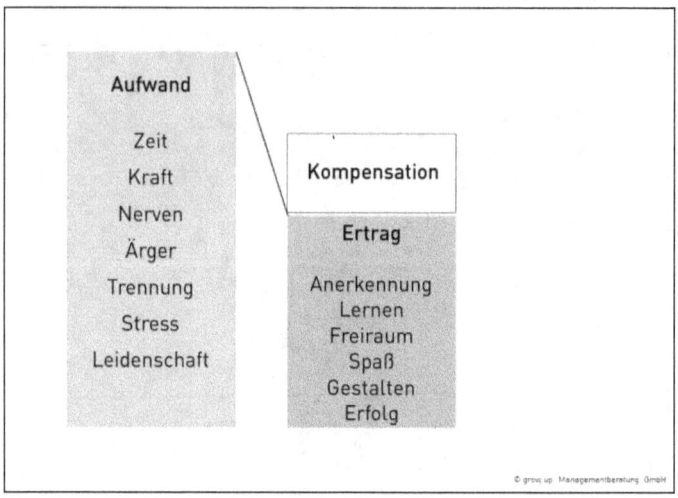

Abb. 5: Das Aufwands-Ertrags-Modell, Teil 3

Werden diese beiden Säulen als ausgewogen wahrgenommen, ist das Resultat eine empfundene Zufriedenheit. Diese ist allerdings nur eine notwendige, keine hinreichende Voraussetzung für Leistung.

Total verdreht: Viele Menschen in Organisationen denken, sie verdienen zu wenig, es wird ihnen zu wenig Wertschätzung entgegen gebracht und ihnen werden die eigentlich zustehenden Vergütungen oder Anerkennungen vorenthalten. Manche Menschen versuchen dann, ihren Aufwand zu reduzieren. Dadurch reduzieren sie zwar auch ihre Ertragsmöglichkeiten häufig noch weiter, geraten dadurch aber wieder in eine stabile Situation.

Befragt man Menschen in diesem *Aufwands-Reduktions*-Stadium zu ihrer Situation, so ist die Antwort häufig: „Ach, eigentlich geht es mir gar nicht so schlecht. Für das wenige, was ich dort tun muss, bin ich eigentlich ganz gut bezahlt."

Häufig wird dieser Zustand aber von ihnen selbst als diffus unbefriedigend empfunden. Es fehlen eben dann doch die Motivbefriedigungsmöglichkeiten aus der beruflichen Tätigkeiten. Als Konsequenz daraus suchen sich Menschen in diesem Stadium dann gerne Befriedigungsmöglichkeiten außerhalb ihrer beruflichen Tätigkeit und engagieren sich in Vereinen, ehrenamtlichen Tätigkeiten oder in ihrem Hobby.

Was tun, wenn die Kuschelecke nur eine Illusion ist?

Der Konzern: Ein ehemaliges Staatsunternehmen.

Nicht einfach, daraus ein performantes, wettbewerbsorientiertes Unternehmen zu formen.

Auf der einen Seite Internationalisierung, Anwerbung und Integration in anderen Führungskulturen sozialisierter Führungskräfte und Manager und auf der anderen Seite gleichzeitig Abbau- und Konzentrationsprozesse im Stammland.

Dadurch, dass so viele Manager und Führungskräfte von außen in den Konzern geholt werden – und natürlich Denkweisen, Methoden und Tools mitbringen, die sie woanders als gut erkannt haben – gibt es ein babylonisches Tool- und Führungswirrwarr. Von den Personal- und Organisationsentwicklungsbereichen wird oft versucht, zumindest den größten Wildwuchs einzudämmen, sie lassen sich aber an manchen Stellen auch sehr gerne vor Karren spannen. Dann wird jede neue Managementmode ausprobiert und als finaler Heilsbringer gehyped, um unbedingt *modern* zu sein, auf der anderen Seite ist – Führungsbetriebssystem typisch – nach wie vor ein sehr defensiver und reaktiver Umgang mit Low-Performern zu sehen.

Es gibt tatsächlich im Betriebssystem *niedrige Vertikalität/ hohe Menschenorientierung* die Hoffnung, dass sich diese Leistungsschwächen von Menschen irgendwie auswachsen, also die Themen mit der Zeit verlieren.

Dass sich solche Leistungsthemen tradieren, infektiös sind, vererben und mit der Zeit schlimmer werden, sollten die Verantwortlichen eigentlich wissen.

Ein interner Dienstleistungs-Bereich formt sich versuchsweise zu einer agilen Organisation um. So weit, so gut. Neue Modelle muss man ausprobieren, in der Theorie ist alles immer ganz einfach. Es gibt keine dezidierten Führungskräfte mehr, Führungsaufgaben werden unter den Teammitgliedern aufgeteilt. Die Teams steuern sich zukünftig selbst.

Ein mutiger Versuch in einer ansonsten nach *command & control* funktionierenden Welt. Etwa die Hälfte der ehemaligen Führungskräfte verlässt den Bereich und sucht sich andere Aufgaben im Konzern. Die Findungsphase ist nicht einfach, der Bereich ist fast ein Jahr im Wesentlichen mit sich selbst beschäftigt.

So lange, dass die ersten internen Kunden sich bereits z. T. andere Dienstleister im Konzern für ihre Aufgaben im Konzern suchen.

Die oberste Führung hat allerdings die agilen Gedankenmodelle noch nicht ganz verinnerlicht.

„Demokratie ist nicht alles", so der CEO des Unternehmens zu Mitarbeitenden der nächsten Führungsebene.

Jetzt wird es aber ganz schwierig.

In der Organisation durch die eingeführten – oder zumindest zugelassenen – Methoden oder Gedankenmodelle mehr Unternehmensdemokratie zu wagen, ist sicher ein mutiges Experiment.

Sie auf den oberen Managementebenen dann auszusetzen, um mit einem gestrigen vertikalen Managementansatz weitermachen zu wollen, sicher sehr kurzsichtig.

Ich denke, es ist gerade für die obere Führungsebene notwendig und wichtig, sich so zu verhalten, wie es die Führungskräfte und Mitarbeitende einer Organisation noch verstehen können.

„Den immer schnelleren Verfall der Werte auf den oberen Führungsebenen hätte es so früher nicht gegeben", so eine Managerin der zweiten Ebene.

Wasser predigen und Wein trinken, hat noch nie lange funktioniert.

Too big to fail wird auch nicht ewig funktionieren.

Was wird in dieser Umgebung von mir verlangt?

Wir nehmen jeden Tag
mit dem Hollandrad
an der Tour de France teil.
(Mitarbeiter aus einer NGO mit Kuschelecken-
Betriebssystem)

Nicht zu sehr auffallen

Fast wäre man versucht, zu sagen: *Nicht viel.* Aber das ist nicht richtig. Sie müssen sich in solch einem Betriebssystem häufig sehr konformistisch verhalten. Welche Anpassung von Ihnen verlangt wird, ist je nach Zeitgeist und Branche unterschiedlich, aber Sie bringen sich schnell aus dem Spiel, wenn Sie versuchen, sich dem gerade herrschenden Mainstream entgegen zu stellen.

Ein schönes Beispiel ist Peter Beckhoff, der langjährige Leiter des Wuppertaler Finanzamtes für Steuerstrafsachen und Steuerfahndung. Egal wie man zu staatlicher Hehlerei steht, nach objektiven Kriterien war er mit seiner Mannschaft unfassbar erfolgreich und konnte über die Jahre Steuernachzahlungen im hohen mehrstelligen Millionenbereich eintreiben. Er durfte allerdings nur so autark wirken, weil der Erfolg ihm Recht gab und die starke Sichtbarkeit in der Öffentlichkeit ihn schützte. Nur Monate nach seinem Weg in den Ruhestand löst sich der ganze Bereich auf. Oder sagen wir besser: wurde aufgelöst. Der Oberfinanzdirektion war das autarke Verhalten der Wuppertaler Fahnder mehr als einmal ein großer Dorn im Auge. Leistung zählt nichts. Konformismus ist alles. Dass seinen Leuten keine adäquaten Anschluss-Jobs angeboten wurden, wirkte bei der Auflösung des Bereichs sicher sehr unterstützend.

Nicht zu betriebswirtschaftlich denken

Ich habe für Organisationen gearbeitet, die waren wirtschaftlich eine Katastrophe. Sie produzieren Jahr für Jahr ein Minus im mehrstelligen Millionenbereich. Es war aber nicht so, dass sich die Führungskräfte darüber Sorgen oder Gedanken gemacht hätten. Sie hatten sich einfach daran gewöhnt. Es erschien ihnen normal und systembedingt, erfolglos und ineffektiv zu sein.

Im öffentlichen Personennahverkehr können Sie das Phänomen bei einer ganzen Branche bewundern: Niemand fragt sich, ob es sinnvoll ist, den viel zu großen, viel zu teuren und hohe Mengen Diesel verbrauchenden Bus jeden Abend in das entfernteste Örtchen des Städtchens fahren zu lassen.

Es geht hier nicht um Sinnhaftigkeit.

Es geht darum, dass der Landrat gerne wiedergewählt werden möchte und an dieser Front keine Diskussionen will. Alle möglichen Alternativen wären machbar: Von kleineren Bussen bis hin zu Sammeltaxis im Rundlauf oder – dank Digitalisierung – individueller über das Internet bestellter Beförderung mit weniger als zwei Stunden Vorlauf. Diskutieren Sie es spaßeshalber mal mit Verantwortlichen: Hunderte von Argumenten, warum es nicht geht – kein einziges, wie es gehen könnte.

Also bleibt es, wie es ist: Der Bus fährt (fast) leer. Und verbraucht das durch das lokale Stadtwerk mit überhöhten Preisen erwirtschaftete Geld, das das Städtchen eigentlich dringend benötigte.

Sichtbarkeit beim Vorstand oder der Geschäftsführung ist wichtig.

In Kuschelecken sind fast nur die Themen wichtig, in denen die Organisation vermutete, dass sie dem Vorstand oder der Geschäftsführung am Herz liegen. Egal wie abstrus oder unwichtig diese Themen waren – Hauptsache dabei gut aussehen oder zumindest nicht schlecht auffallen.

Besonders beliebt sind immer die Rennomierprojekte des

Vorstands oder der Geschäftsführung, in und mit denen es sich dann vortrefflich leben lässt. Ob es sich um die Durchführung einer besonderen Ausstellung, den pretiösen Umbau einer Liegenschaft oder ein aktuelles technisches Leuchtturmprojekt handelt, von dem man gut auf Kongressen berichten kann. Hier fehlt es dann auch meist nicht – wie sonst so häufig – an Geld oder Ressourcen. Eine andere schöne Möglichkeit, sich Nischen zu suchen, ist, die Organisation in berufsständischen oder Fachgremien zu vertreten. Da das ja *wichtig* ist, fragt fast nie jemand, was es denn bringt, geschweige denn, wieviel Arbeitszeit das kostet.

Außerhalb der Organisation sichtbar zu sein, kann nie schaden.

Ich habe Führungskräfte in diesem Betriebssystem kennengelernt, deren Organisationseinheit führungsmäßig Desaster waren und in denen es drunter und drüber ging, die ihre Büro-Zeit aus Gründen der Steigerung ihrer eigenen Sichtbarkeit und Befriedigung ihrer Eitelkeit z. B. mit dem Schreiben von Büchern verbrachten. Natürlich in der bezahlten Arbeitszeit. Nicht etwa in der Freizeit.

Wenn die Werke dann hinreichend erfolgreich sind, fragt kaum jemand nach, ob es in ihrem Führungsbereich nicht möglicherweise wichtigere Themen gäbe, denn Sie haben ja – für alle in der Organisation sichtbar – Bedeutsameres zu tun.

Ich habe in solchen Organisationen Menschen erlebt, die – obwohl in verantwortlicher Rolle – jahrelang ihren Bereich einfach laufen ließen und ihren außen sichtbaren Steckenpferden nachgegangen sind. In der Kuschelecke interessiert es keinen – solange es nicht an die Öffentlichkeit dringt.

Austausch und Gremienarbeit sind wichtig.

Zu guter Letzt können Sie Fortbildungen oder Kongresse besuchen – gerne auch zu zweit oder in kleinen Gruppen – um sich über die Entwicklungen in Organisationen mit ähnlichen Schwächen auf dem Laufenden zu halten.

Es finden sich in solchen Umgebungen häufig viele Rollen oder Ämter, die viel Gestaltungsfreiraum bei der Wahl eigener Tätigkeiten oder Interessen lassen. Neben der in diesem Betriebssystem meist sehr lebendigen Mitbestimmungskultur gibt es auch immer Projekte, die kreuz und quer über die Bereiche besetzt sind, in denen man einen interessanten Einblick in die Organisation bekommt und sich nicht mit dem vielleicht langweiligeren oder lästigeren Tagesgeschäft auf dem eigenen Schreibtisch beschäftigen muss.

So haben wir z. B. über Monate Gleichstellungsbeauftragte einer Behörde gecoacht und deren vollständig selbstverantwortlich definierte Arbeitsinhalts-, Mengen- und Zeitgestaltung inklusiver längerer Auslandsdienstreisen ausführlich in allen Aspekten bestaunen dürfen. Seit Jahren interessierte sich niemand (mehr) für die Personen und sie machten, was sie wollten.

Machen Sie sich bei schwierigen Aufgaben unsichtbar.

In diesem System werden Durchsetzungsstärke, Tatkraft und Macher-Orientierung nicht sehr wertgeschätzt.

In die größten Schlamassel schickt man häufig neue oder unerfahrene Leute (gerne auch *von außen*), weil die erfahrenen Kräfte bei der Verteilung entsprechender Rollen gerne *unsichtbar* sind, bzw. genau wissen, dass man in der aussichtslosen Situation vor Ort auch mit noch so viel Energie und Einsatzbereitschaft kaum etwas bewirken kann.

So holen sich junge und unerfahrene Führungskräfte Traumata, scheitern und verlassen dann die Organisation oft früh wieder.

Der *starke Mann* soll es richten

Häufig stellt man zwar fest, dass Organisationen mit diesem Betriebssystem gerne nach einem *starken Mann* rufen, der *hier endlich mal Ordnung reinbringt*, die Liste der verschlissenen und nach zwei bis drei Jahren wieder entsorgten *Aufräumer* ist jedoch fast immer beachtlich.

Also, lassen Sie sich nicht täuschen, wenn Sie es sein sollen, der die – seit langem diskutierten und immer wieder beschworenen – Veränderungen nun endlich bringen soll.

Diese sind häufig innerhalb des Systems unmöglich umzusetzen und Sie bekommen nicht annähernd den Rechtefreiraum und die Entscheidungs- und Gestaltungsmöglichkeiten, die Sie bräuchten, um wirklich nachhaltig etwas zu verändern.

Im Zweifel: Lieber nichts tun

Aber auch Willkür oder Launenhaftigkeit von Führungskräften werden schlecht toleriert. Das System kann leichter damit leben, dass Sie nichts tun und nichts entscheiden.

Erfolge spielen keine besondere Rolle (wenn es nicht gerade die oben erwähnte Sichtbarkeitsprojekte sind, von denen sich die obere Führungsebene die Steigerung ihrer Reputation und Sichtbarkeit erhofft) und vergrößern auch ihren

Rechtefreiraum kaum bzw. sammeln Sie auch keinen Bonus an, wenn Sie mal einen Misserfolg haben oder sich einen Fauxpas erlauben.

Wie kann ich in dieser Situation führen?

Das Führungsbetriebssystem hat meist einen sehr hohen Anspruch an Führungskräfte. Da die Vertikalität ja niedrig gehalten sein soll, ist Führung als solches häufig grundsätzlich schon etwas suspekt.

Viele Führungselemente entstammen daher den *anständigen* Wertewelten. Der Versuch, die Selbstbestimmung des Einzelnen unter die Bedürfnisse der Gruppe oder Organisation zu stellen muss unbedingt auf freiwilliger Basis erfolgen. Einer der Kerne von als *anständig* empfundenen Führungsverhalten ist die durchgängige Gewährleistung von Freiwilligkeit.

Eine hohe Aufmerksamkeit für das Individuum wird erwartet und vorausgesetzt. Der Personal- und Mitarbeiterentwicklung sollten Sie eine hohe Aufmerksamkeit zukommen lassen. Der eigenen Fort- und Weiterentwicklung messen Mitarbeitende in diesem Führungsbetriebssystem einen hohen Stellenwert zu. Mitarbeiter- und Fördergespräche sollten Sie sehr konsequent und mit entsprechendem zeitlichem Raum regelmäßig führen.

Die Führungskraft sollte eine überzeugende Persönlichkeit sein. Kommunikative Fähigkeiten, die proaktive Information und immer wiederkehrende regelmäßige Einbeziehung von Menschen sind wichtige Führungsverhaltensweisen. Sie dürfen als Führungskraft Argumente bringen, mit denen Sie Einsicht erzeugen können und so Überzeugung stattfindet.

Sie tun Mitarbeitenden und sich einen großen Gefallen mit sauber etablierten Meetingstrukturen. Achten Sie bitte von Anfang an darauf, dass das Betriebssystem dazu tendiert, viele Menschen bei vielen Fragen einzubeziehen. So gibt es dann häufig viele Meetingstrukturen mit breiter Beteiligung. Kommen Sie neu in eine Führungsrolle, haben Sie manchmal am Anfang die Chance, diese Entwicklungen zu korrigieren, denn oft werden viele Fragen sehr breit diskutiert, auch ohne direkte Relevanz für die Tätigkeit der Einzelnen.

Sie dürfen den anderen um etwas bitten, fragen und gemeinsame Ziele erarbeiten. Arbeiten Sie kontinuierlich daran, dass Sie Aufgaben und Verantwortung delegieren. Ihr Betriebssystem tendiert immer dazu, neue Themen zu generieren, von denen es denkt, dass unbedingt Sie als Führungskraft sich diesem Thema annehmen müssen (weil es eben auch häufiger die Erfahrung gemacht hat, dass es sonst nicht läuft). Also können Sie gar nicht frühzeitig genug delegieren. Sie leisten damit auch einen zentralen Beitrag zur Entwicklung der Menschen in Ihrem Verantwortungsbereich. Bitte achten Sie darauf, dass Aufgaben, Kompetenz und empfundene Verantwortung deckungsgleich sind. Und behalten Sie das Thema *Rückdelegation* im Auge. Manchmal fällt es leichter, das Thema wieder zurückzugeben, als sich darum Gedanken zu machen, wie es denn hinzubekommen ist.

Sie können einen Nutzen aufzeigen, für Ihre Position werben und verhandeln.

Regeln gemeinsam aufzustellen, immer wieder anzupassen und mit Überzeugungskraft für ihre Einhaltung zu werben, ist eine der – im Vergleich – viel weniger möglichen Führungsverhaltensweisen aus den *effizienten* Wertewelten.

Sorgen Sie also rechtzeitig dafür, dass gut kommunizierte Strukturen und Prozesse vorhanden sind, denn in diesen Führungswelten ist es für die Führungskräfte anspruchsvoll, mit Menschen zu arbeiten, die sich an diese Prozesse und Regeln nicht halten.

Dieses Betriebssystem denkt, dass Menschen Leistung gerne aus sich selbst heraus erbringen. Sie müssen von der Sinnhaftigkeit des Tuns nur genügend überzeugt sein. Ist dieser Zustand erreicht, sind zusätzliche Anreize eben auch nicht nötig. Solche Annahmen machen aber zum Beispiel unter anderem die Handhabung eines Instruments *Zielvereinbarung* schwierig.

Wirkliche Incentivierungen stehen Ihnen generell wenig zur Verfügung, denn diese Formen der Verhaltensbeeinflussung sind dem Betriebssystem schnell suspekt. Daher sind im Betriebssystem *niedrige Vertikalität und hohe Menschenorientierung* die Vergütungsmodelle zwar häufig transparent, aber fast immer nivellierende und gleichmachende Verteilungsmodelle mit meist recht geringen Unterschieden zwischen Mitarbeitenden und Führungskräften. Nicht zuletzt deshalb verlieren sie in diesem Betriebssystem häufig die leistungssteigernden Anreizfunktionen.

Die sozialen Errungenschaften und Absicherungssysteme, wie betriebliche Altersversorgungen, Zusatzversicherungen oder Kantinen werden zwar allgemein sehr geschätzt, leider verlieren Menschen die Besonderheiten und Annehmlichkeiten solcher Systeme häufig schnell aus dem Blick und betrachten sie dann als selbstverständlich.

Themen wie *Gesundheitsmanagement, Stressreduktion* und *Belastungsbalancierung* werden generell sehr geschätzt. Achten Sie als Führungskraft aber immer darauf, dass die grundsätzliche Aufwands-/Ertragsbalance aus der Tätigkeit heraus bei den Mitarbeitenden noch ziel-, aufgaben- und tätigkeitsorientiert bleibt.

Die wesentlichen Anteile der Motivation sollten aus der Tätigkeit selbst resultieren. Die hinzukommenden Themen wie Ausstattung, Gehalt oder Sicherheit sind zwar notwendige, aber für eine wirkliche Motivation eben keine hinreichenden Elemente, um dauerhaft Leistung zu bringen.

In diesem Führungsbetriebssystem gibt es unendliche Möglichkeiten, sich mit Rand- und Nebenthemen intensiv und ausgiebig zu beschäftigen, ohne dass jemand da ist, um den Aktivitäten Einhalt zu gebieten.

Auch als XY-Beauftragte oder für das Themenfeld Z Verantwortlicher können Menschen Erfolge haben, etwas hinzulernen, sich wichtig fühlen und Strukturen gestalten.

Sie haben nur eben nicht immer etwas mit dem Erfolg oder der Leistungsfähigkeit der Organisation zu tun. Und – um Unfrieden oder Ärger zu vermeiden – wagt auch kaum jemand zu fragen, ob man diese Themen eigentlich (noch) braucht. Also laufen sie einfach immer weiter.

Beziehungen schaden nur dem, der sie nicht hat.

Im Betriebssystem *Kuschelecke* sind gestalterisch oft recht viele Dinge möglich. Sie müssen in diesem System aber akzeptieren, dass viele Entscheidungen intransparent verlaufen und nicht offen angesprochen werden.

Man/frau muss immer die gerade Mächtigen gut kennen, dann darf der einzelne Sachen machen oder ein Verhalten zeigen, dass die anderen Kolleginnen und Kollegen nicht dürfen. Der möglichst gute und enge Kontakt zu Entscheidern in der Organisation macht das Leben – zum Teil auf Jahre hinaus – viel flexibler und erträglicher.

In einer NGO wurde z. B. das System, wer für die nächste *Runde* im Rotationssystem auf welchen zukünftigen Posten an welchem Ort gesetzt werden sollte, vollständig intransparent gehalten. Alle Teilnehmer durften zwar Wünsche angeben, hatten aber keine Garantie, dass diese berücksichtigt würden.

Niemand wusste, welche Kriterien zur Entscheidung angelegt wurden.

Man konnte aber gut erkennen, dass einige der Rotanten überzufällig viel Glück über die Jahre hinweg hatten. Der engere Vertrauten-Kreis des Vorstandes erwischte einfach keine *Nieten*.

Ein alter Freund der kaufmännischen Geschäftsführerin und des Personalchefs der öffentlichen Organisation war der Betriebsratsvorsitzende. Für einige Jahre der kooperativen und verständnisvollen Führung des Gremiums in enger Absprache mit der Organisationsleitung zeigte man sich mit einer aufwendigen persönlichen Ausbildung erkenntlich. Es folgten die letzten fünfzehn sehr entspannten Berufsjahre als interner *Berater* ohne konkretes Aufgabengebiet mit frei gewählter Selbstbeschäftigungsmöglichkeit, frei definierter Arbeitsumgebung und eingebautem Überlastungsschutz.

Die Personalchefin einer völlig überbesetzten öffentlichen Verwaltung konnte gut mit dem Amtsleiter. So gelang es ihr über Jahre, den dringend notwendigen und offiziell vom Ministerium immer wieder angemahnten Stellenabbau in die Länge zu ziehen und am Ende ganz ruhig den für ihr eigenes

Ressort umsichtigen Weg zu gehen und – so, wie sie es von Anfang an vorgesehen hatte – sozialverträglich zu gestalten. Was die Organisation, einzelne Bereiche oder Führungskräfte wollten oder brauchten – egal. Die Schlechtleister wurden nicht abgebaut, sondern einfach umverteilt. Platz für neue, zukunftsfähige Kräfte – Fehlanzeige. Die Verwaltung machte einfach, was sie wollte.

Sie müssen mit einem eingeschränkten Handlungsspielraum klarkommen.

Wichtige Elemente, die Führungsrollen in anderen Führungs-betriebssystemen haben, gesteht man Ihnen im System *niedrige Vertikalität/hohe Menschenorientierung* oft nicht zu.

Häufig haben Sie z. B. auf die Zusammensetzung des Teams, mit dem Sie arbeiten sollen, nur beschränkt Einfluss. Sie müssen sehr oft mit den Menschen klarkommen, die eben vorhanden sind oder Ihnen zugewiesen wurden.

Auch die Auswahl neuer Teammitglieder überlässt man den Führungskräften nicht oder nur teilweise. Da das Betriebs-system weiß, dass man im Normalfall sehr lange mit den neu dazukommenden Menschen zurechtkommen muss, sind es häufig Gremienentscheidungen, die über Einstellung und Platzierung entscheiden.

Um des *Betriebsfriedens* willen werden auch noch oft Einzel-absprachen getätigt, die intransparent gehalten werden, was spätere Vereinheitlichungen und Veränderungen noch schwieriger macht. Bei Umorganisationen kommen dann nicht selten schriftliche Vereinbarungen aus grauer Vorzeit zu Tage, die weitreichende Rechte bei häufig demgegenüber eher geringen Verpflichtungen zusichern.

Provisorien und Workarounds sind an der Tagesordnung.

Unser Warenwirtschaftssystem: 1. SAP 2. Excel.
(Führungskraft im genossenschaftlichen
Handelsunternehmen)

Weil viele Menschen in solchen Organisationen langjährig arbeiten und sich dem Kunden, dem Erfolg und der Reputation der Organisation in den Markt meist doch recht verpflichtet fühlen, um die Dinge voran zu treiben und von der Zentrale oder den dafür zuständigen Abteilungen häufig keine oder keine passenden Lösungen zur Verfügung gestellt werden, *basteln* sich die Führungskräfte und Mitarbeitenden vor Ort dann eben Provisorien und Workarounds.

Ich habe Unternehmen kennengelernt, die führten die weltweite Ersatzteilliste von komplexen Maschinen auf einer d-Base Datenbank, die vor Urzeiten mal ein Werkstudent in aller Eile geschrieben hatte. Nur zu diesem Zweck wurde eine der ersten Windows-Versionen auf einem speziellen Rechner jahrelang weiterbetrieben, denn auf den späteren Versionen lief sie nicht mehr oder nicht zuverlässig. Alle hatten immer Angst um diese Datenbank, die im Laufe der Zeit zum technischen Gedächtnis des Unternehmens herangewachsen war.

Das ist als solches wahrscheinlich kein Kuschelecken-Problem, solche Themen finden sich in anderen Führungsbetriebssystemen auch. Kennzeichnend für das Führungsverhalten in Kuschelecken ist dann aber die oft feststellbare geringe Beherztheit, das Thema – auch unter Schmerzen – endlich einmal zu professionalisieren. Denn natürlich hätte eine Umstellung auch unangenehme oder arbeitsaufwendige Phasen mit sich gebracht. Und die wollte man – solange wie möglich und es war ja immer noch irgendwie möglich – vermeiden.

Schlechte Performance bleibt ohne Konsequenzen.

Da in der Kuschelecke auch viel Rücksicht auf die Befind-lichkeiten oder Überforderungsmeldungen aller Beteiligten und daher natürlich (gleiches Recht für alle) auch der inter-nen Dienstleister genommen wird, dauern die Implementie-rung auch bereits entschiedener und mehrfach angekündig-ter Prozesse, Tools oder Software-Lösungen meist Jahre. Selbst wenn der Entscheidungs-Prozess formal sauber durch-gelaufen ist und die notwendigen Mittel zur Verfügung stehen, heißt das nicht, dass die Realisierung klappt und die Mittel auch abgerufen werden.

Ein HR-Verantwortlicher aus einer Klinik mit niedriger Verti-kalität und hoher Menschenorientierung:

„Es hat sechs Jahre gedauert, das System der Mitarbeiterge-spräche zu konzipieren und mit allen Gremien abzustimmen. Zwei Jahre hat alleine das Schließen der Betriebsverein-barung – sage und schreibe zwei Seiten – gebraucht. Die Gespräche führen aber trotzdem viele Bereiche nicht. Mitar-beiterinnen und Mitarbeiter, aber auch die Führungskräfte, haben Angst davor. Dabei ist es nur ein strukturiertes Ge-spräch mit Feedback, keine Leistungsbeurteilung oder ähn-liches."

Wenn die internen Dienstleister wegen Überlastung oder Personalmangel dann bei der Realisierung doch noch mal wieder verschieben müssen, passiert ja auch nichts. Das ist eine der nachteiligen Folgen niedriger Vertikalität. Niemand, der Konsequenzen aufzeigt, die vereinbarte Umsetzung deut-lich anmahnt oder auch mal durchsetzt. Es geht einfach genau so weiter.

Die Ausnahme ist oft die Regel.

Es werden in diesem Führungsbetriebssystem gerne Ausnahmen gemacht und Sonderlocken genehmigt, die im Laufe der Jahre dann einen undurchdringlichen Dschungel an nur teilweise bekannten und gelebten Prozessen, Verfahren und vielfach dafür aber sehr weitreichenden oder sogar in der ganzen Organisation bekannten Präzedenzfällen produziert. „Bei dem XY wurde das Mitnehmen seines Klavieres durch die halbe Welt aber auch genehmigt und bezahlt...".

Der Grund dafür ist auf der einen Seite die hohe und hier leider auch oft von den Führungskräften falsch verstandene Menschenorientierung, dass es nämlich für den Einzelnen möglichst gut passend sein soll. Weil es ja alle *eh schon schwer genug* haben, versucht man die Regularien des Systems möglichst so auszulegen, dass sie doch noch irgendwie verträglich sind. Damit schafft man aber die oben beschriebenen Präzedenzfälle, von denen natürlich alle wissen. Und die beim nächsten Mal auch schon als selbstverständlich eingefordert werden.

Und auf der anderen Seite wollen sich die Führungskräfte die – im Falle einer Ablehnung des Wunsches oder Ansinnens – zum Teil lang anhaltenden Demotivationsphasen bei Mitarbeitenden ersparen, die gerne auch vor den Augen und Ohren aller anderen intensiv dargestellt, ausgelebt und verbreitet werden.

Eine 50-jährige Führungskraft aus einem für das eigene Überleben am Markt hart arbeitenden Unternehmen mit Bergsteiger-Betriebssystem über eine gleichalte Mitarbeiterin aus einer öffentlich zwangs-umverteilten, satt alimentierten Kuschelecken-Organisation:

„So ein sicherer Job. Fortbildungsanspruch und voller Freizeitausgleich. Super Gehalt und interessante Aufgaben. Nie überlastet, ist dennoch andauernd krank. Und motzt und motzt und motzt und meckert und klagt."

Die Bereitschaft der Führungskräfte, Regularien menschenorientiert auszugestalten, führen oft zum immer weiteren Verschieben der Grenzen in Richtung Individualität, Ich-Orientierung, Komfort und Bequemlichkeit. Die Themen der Einhaltung der Standards der Organisation, der Erbringung von Leistung und Performanz, geraten auf diese Weise immer weiter in den Hintergrund. Dadurch wird solch eine Organisation – langsam aber sicher – mit immer mehr Menschen immer schlechter.

Welche Instrumente brauche ich in dieser Führungskultur wirklich?

Das zentrale Führungsinstrument ist das in den meisten Organisationen anzutreffende Mitarbeitergespräch. Es gibt Ihnen als Führungskraft und den Mitarbeitenden die Gelegenheit, über alle Aspekte der Tätigkeit der Mitarbeiterin oder des Mitarbeiters zu sprechen.

Halten Sie die Gespräche regelmäßig, planen Sie genügend Zeit hierfür ein. Die individuellen Gespräche mit der Führungskraft sind wichtig. Aus unserer Sicht sollten sie viel häufiger als einmal jährlich geführt werden. Mehr, als ein einmal jährlich absolviertes strukturiertes *Mitarbeiterjahresgespräch,* helfen öfter durchgeführte individuelle Gesprächssituationen, bei denen jeweils Teilaspekte der Zusammenarbeit oder arbeitsbezogener Themen im Vordergrund stehen.

Feedback-Situationen sind wichtig. Lassen Sie Ihre Mitarbeitenden wissen, wo sie aus Ihrer Sicht stehen und wie Sie über Leistungen und Erfolge denken. Machen Sie die Subjektivität deutlich, suchen Sie nicht nach Wahrheiten.

Zielvereinbarungs-Systeme helfen Ihnen nur, wenn Sie wirklich die Möglichkeit haben, die Verantwortung für die freie Wahl des Weges zum Erfolg auch an den Mitarbeiter oder die Mitarbeiterin weiterzugeben. Auch sollte gewährleistet sein, dass die Ziele nicht nur aus sich selbst heraus sinnhaft und attraktiv sind, sondern Mitarbeiterinnen und Mitarbeiter auch einen individuellen Nutzen von der Zielerreichung haben.

Mitarbeiterbeurteilungssysteme würden wir – wenn wir es könnten – heutzutage eher abschaffen.

Das Einschätzen – auf einer wie auch immer gearteten Skala, mit welchen Dimensionen auch immer – führt in diesen Führungskulturen häufig zu Frustration, Ärger und Unzufriedenheit, ohne, dass noch ein wirklicher Nutzen sichtbar würde. In einer Vielzahl von Fällen wird so weich beurteilt, dass keine Unterscheidbarkeit, aber damit auch keine Aussage in dem ganzen System mehr ist.

Seien Sie vorsichtig mit deutlicher Kritik. Die kann sehr schnell übel genommen werden. Solche Gespräche sollten Sie – insbesondere in schwierigen Führungssituationen – zu zweit führen, damit später immer nachvollziehbar ist, wer was gesagt oder gemeint hat. Zu schnell werden Aussagen miss-interpretiert, miss-verstanden oder auch abgelehnt, ohne sich tiefer damit auseinandersetzen zu wollen, was Sie denn eigentlich sagen oder rüberbringen wollten. Seien Sie etwas auf der Hut. In der Führungskultur der Kuschelecke wird nicht immer mit offenem Visier gearbeitet.

Wie kann ich in diesem System Veränderungen herbeiführen?

Suchen Sie sich wenig Themen, definieren Sie einen zig-fach größeren Zeitbedarf für Veränderungen, als in Systemen, die für ihr Überleben selber und am Markt sorgen müssen.

Freuen Sie sich über kleine Schrittchen. Die Organisation ist – wenn der Zustand lange anhält – häufig so auf den Kopf gestellt, dass fast alle Themen – und seien Sie noch so nichtig – auf den obersten Führungsebenen entschieden werden und nicht zuletzt daher auch sehr lange dauern.

Das Betriebssystem entlastet Menschen, die keine Verantwortung übernehmen wollen (die anderen sind ja auch meist schon lange nicht mehr in diesem Betriebssystem unterwegs) oder es auch schon lange nicht mehr können – es wurde ihnen schlicht abtrainiert.

Es ist in dieser Führungswelt aber ganz wichtig, keine Fehler zu begehen. Diese hängen Ihnen wirklich lange an und da viele Menschen gut vernetzt sind und viel Zeit haben, erzählen Sie sich auch viel und tradieren gerne diese angeblichen *Misserfolgs*-Geschichten.

Symbolfehler vermeiden

You are always on stage.
(Führungskraft eines großen Stadtwerks)

Noch viel schlimmer ist es, Symbolfehler zu begehen. Noch stärker, als in den Segmenten mit höherer Vertikalität, müssen Sie sich hier immer so verhalten, wie es sich *gehört* und wie es von Ihnen erwartet wird.

Den eigenen Wagen auf den für die Anlieferungen reservierten Parkplatz zu stellen, führt zu nicht enden wollenden Diskussionen in der Belegschaft.

Home-Office-Regelungen für alle Mitarbeiterinnen und Mitarbeiter als Führungskraft nicht zu unterstützen, aber inoffiziell jeden Freitag von zu Hause aus zu arbeiten, akzeptieren die Menschen in diesem Betriebssystem nicht.

In einem städtischen Service-Betrieb gab es die inoffizielle, mitarbeiterfreundliche Regel, dass Mitarbeiterinnen und Mitarbeiter sich für private Arbeiten am Wochenende Geräte des Arbeitgebers leihen durften (z. B. Werkzeuge, PKW-Anhänger etc.). Natürlich ist das in Deutschland nicht ganz formal korrekt, die Mitarbeitenden müssten diese Vergünstigung eigentlich als geldwerten Vorteil versteuern.

Natürlich ist so etwas aber selbst in Deutschland kein Thema, das irgendwen von offizieller Seite interessiert, solange diese Vergünstigungen Einzelfälle bleiben.

Obwohl über Jahre kein einziger wirklicher Fall von Missbrauch bekannt wurde, habe ich Vorgesetzte erlebt, die immer wieder aktiv versucht haben, solche kleinen Vergünstigungen abzuschaffen. Nicht, weil man den Mitarbeitenden diese Vergünstigungen nicht gegönnt hätte. Die Vorgesetzten hatten nur Angst, dass sie im völlig unwahrscheinlichen Falle des Falles für das Thema zur Verantwortung gezogen worden wären. Das war dann sogar ein als *wichtig* eingestuftes Projekt, das mit Nachdruck verfolgt wurde.

Leider war die Führungsmannschaft dann gar nicht so kleinlich, wen es um die Selbst-Gewährung eigener Vorteile und Privilegien ging, sei es um den privaten Weihnachtsbaum aus dem Firmenwald (der dann natürlich von Mitarbeitenden nach Hause geliefert werden durfte) oder die ganz weite Auslegung der Dienstreiseordnung.

Sehr einprägsam war auch der HR-Chef, der seinen offensichtlichen Wohlstand gerne dadurch ausdrückte, dass er täglich in einer anderen seiner sieben verschiedenen Luxus-Oldtimer ins Unternehmen fuhr. Alle Menschen in der Organisation konnten auf diese Weise sehen, dass an den richtigen Stellen gut verdient wurde. Mit ein wenig mehr Bescheidenheit und Volksnähe kann man manchmal passendere Botschaften senden.

Mein persönliches Highlight bei den Symbolfehlern war aber ein Schulkamerad:

Netter Typ, früh politisch engagiert. Eher links orientiert. Im langen Weg durch die Institutionen irgendwann Personalchef eines öffentlich rechtlichen Verbandes mit zig Tausend Mitarbeiterinnen und Mitarbeitern. Natürlich persönlich die – auf der politischen Bühne gerne hinterfragten – Annehmlichkeiten des Jobs akzeptierend. „Das steht mir doch zu".

(Mit Vegetariern muss man diskutieren, nachdem sie eine Wurstfabrik geerbt haben).

Jeden Morgen vom Fahrer in der großen Dienstlimousine mit dem Stern bequem zeitungslesend von zu Hause abgeholt und abends komfortabel wieder zurückgebracht.

Leider den sanften Drogen immer etwas zugetan.

Blöd war nur, dass er bei einer Fernsehreportage über holländische Koffieshops mit einem dicken Joint in der Hand voll im Bild war.

Nun ist er wieder Referatsleiter.

Manchmal läuft es wirklich dumm.

Bei deutlichen oder oft auftretenden Symbolfehlern sollten sich die Führungskräfte im Betriebssystem *niedrige Vertikalität/hohe Menschenorientierung* über die von ihnen oft beklagte, mangelnde Bereitschaft zu folgen nicht zu sehr wundern.

Statten Sie sich mit einem langen Atem aus.

Ich habe doch nur ein Pappschwert zur Verfügung – und alle Mitarbeiterinnen und Mitarbeiter wissen es.
(Führungskraft aus der Verwaltung einer NGO im Seminar)

Ihre (Führungs-)Kunst muss in diesem System darin liegen, immer wieder alle Beteiligten zu einem ähnlichen Verständnis der Situation zu bringen, auszurichten, zu werben, zu überzeugen, Hintergrundinformationen weiterzugeben und auf diese Weise die Mitarbeitenden langsam für Veränderungen zu öffnen.

Wirkliche Veränderungen brauchen in diesem System unglaublich lange Zeit.

Dicke Bretter (das können z. B. Veränderungen bei problematischen Mitarbeitenden, Reduktion oder die Beseitigung von Privilegien oder auch Bereinigungen von tiefgehenden Konflikten zwischen Menschen oder Abteilungen sein) bestehen häufig schon sehr lange und Sie sind im Normalfall nicht der Erste, der sich daran versucht und häufig auch vorhersagbar scheitert.

Da solche Systeme oft nicht an Geldmangel leiden (oder es

egal ist, weil sie dauerhaft Verluste einfahren, mit denen alle rechnen), bekommt meist niemand – auch nicht die oberste Führung – in solchen Organisationen den Hebel und den Durchgriff, um wirklich substanzielle Veränderungen vornehmen zu können.

Schnellere Veränderungen gibt es nur, wenn konkrete Angst vor Öffentlichkeit besteht

Besonders schlimm erlebte ich es in einem Krankenhaus: Immer wieder gab es massive Beschwerden über Behandlungsfehler eines Arztes von mehreren Seiten. Sein Chef hatte immer wieder versucht, die Klinikleitung über diese untragbare Situation zu informieren. Die Leitung des Hauses verschloss die Ohren und wollte die Themen nicht hören. Angehörige beschwerten sich und Mitarbeiterinnen und Mitarbeiter – sowohl aus der Pflege als auch Ärzte – wanderten reihenweise ab – egal. Handlungsdruck kam erst auf, als die konkrete Befürchtung bestand, die Missstände würden an die Öffentlichkeit getragen.

Dann aber nicht im Sinne der wirklichen Lösung des Problems – es wurde einfach ein Coach organisiert, der Ruhe reinbringen sollte, ohne den Zustand ändern zu müssen.

Beim WDR wurden schlimme Situationen sexueller Belästigung jahrelang von mehreren Führungsebenen bewusst vertuscht, um die heiße Kartoffel nicht anfassen zu müssen.

Es wurde aktiv versucht, Personen, die diese Missstände ansprachen, mundtot zu machen. Zustände, wie sie in repressiven Zwangsthemen vermutet werden (nicht umsonst spielen viele Romane in Gefängnissen oder Psychiatrien etc.), aber nicht in einer öffentlich-rechtlichen Rundfunkanstalt im Jahre 2018. Und doch haben alle Verantwortlichen Angst, dass der Inhalt der Büchse der Pandora sie selbst auch mit in den Abgrund reißt.

Die gleichen Zustände findet man beim BAMF (Bundesamt für Migration und Flüchtlinge), wo, durch entsprechende schriftliche Informationen, Monate vor dem Eklat in der Führung bekannt war, dass es in der Bremer Außenstelle bei vielen Anträgen nicht mit rechten Dingen zugeht. Es wurde – nicht untypisch für das Führungsbetriebssystem – vertuscht und verschwiegen, auf uninformiert geschaltet und die Verantwortung verschoben.

Die in den Leitbildern solcher Organisation gerne proklamierten Werte wie:

Offenheit oder Transparenz – Fehlanzeige.

Mut und Beherztheit – keine Option.

Geradlinigkeit und Aufrichtigkeit – vergessen wir es lieber.

Entkopplung von Realitäten

In Organisationen mit solch einem Betriebssystem arbeiten häufig Menschen, die noch nie in ihrem Berufsleben für ein anderes Unternehmen oder eine andere Organisation gearbeitet haben. Daher kommt es dann auch leicht zu einer reinen Innen-Orientierung. Wundern Sie sich nicht, wenn Anliegen an Sie herangetragen werden, die Ihnen abstrus oder als unmöglich ernst gemeint vorkommen. Häufig sind sie ganz ernst gemeint.

Mitarbeiter: Ich brauche mehr Geld.

Führungskraft: Was wollen Sie denn mehr oder anders dafür tun?

Mitarbeiter: Nichts. Aber meine privaten Ausgaben sind gestiegen.

Toll: Der Arbeitsplatz als Möglichkeit, einseitige Optimierungen ohne Gegenleistung einzufordern.

Man kann es den Menschen in diesen Führungskulturen noch nicht mal vorwerfen: Sie erleben es Jahr für Jahr. Immer mehr Geld wird in ihr System gepumpt und für irgendwas verwendet.

Jede Mitarbeiterin und jeder Mitarbeiter hat Dutzende von Beispielen, wo überteuerte Anschaffungen (in öffentlichen Organisationen gerne auch völlig kopflos am Jahresende einfach bestellt: „Das November-Fieber grassiert") nutzlos herumstehen und selten oder nie gebraucht wurden. Dafür regnet es aber ins Gebäude, weil kein Geld für die dringend notwendige Dachsanierung zur Verfügung steht.

Menschen, die lange genug in solchen Systemen arbeiten, denken wirklich, die Welt ist so, wie sie es in ihrer Organisation oder Firma erleben. Man klagt genügend, ruft dann *oben* an und die schicken einfach neues Geld, mit dem die Probleme zwar häufig nicht gelöst, aber etwas schmerzmildernd zugekleistert werden.

Wie kann ich in diesem System als Führungskraft persönlich etwas verändern?

Wenn man in diesem Führungsbetriebssystem etwas nachhaltig verändern will, kann es sogar sein, dass die in diesem System eigentlich gewünschten, sinnvollen und auch als anständig empfundenen Führungs- und Verhaltensweisen temporär außer Kraft gesetzt werden müssen.

Bei wirklich gravierendem Change kann es in diesem Führungsbetriebssystem z. B. sehr sinnvoll sein, so lange unterhalb des Sichtbarkeitsradars zu arbeiten, bis die Veränderung nicht mehr reversibel zu machen ist. Öffentlichkeit aktiviert häufig das Immunsystem dieser Organisationen. Weitere Erfolgsfaktoren des Changes in diesem Betriebssystem sind:

- Bodenhaftung: Realistisch über seine Ziele und die möglichen Wege dorthin zu denken. Bleiben Sie klar und geben Sie sich keinen Illusionen hin.

- Gute Netzwerk-Arbeit im Vorfeld: Kolleginnen und Kollegen finden, die helfen können.

- Nur mit den Besten arbeiten. Lieber mit kleineren Teams eine *Speerspitze* bilden, als ein breites Beteiligungs-Zerrede initiieren. Manches sinnvolle Pflänzchen wird zu früh kaputtgeredet und hätte noch etwas geschützte Zeit gebraucht, um seine für die Organisation positiven Effekte auch zu entfalten.

- Es ist auch in diesen Führungskulturen – natürlich nur bei entsprechenden Erfolgen – leichter, um Verzeihung, als um Erlaubnis zu bitten.

- Vorsicht: Gelangweilte Menschen stehen manchmal auch auf *Spiele*. Die vertreiben die Langeweile für eine Zeit. Also nicht auf ein Rennen wetten, bevor man selbst mitläuft.

- Menschen die einen fördern, die ihr Wissen weitergeben oder die einen in Kontakt mit anderen Menschen bringen, bitte aktiv ehren.

Welche Instrumente können helfen, den Wandel zu gestalten?

Vernünftige Meetingkultur

Aushang in der Kaffeeküche eines Versicherungsunternehmens:

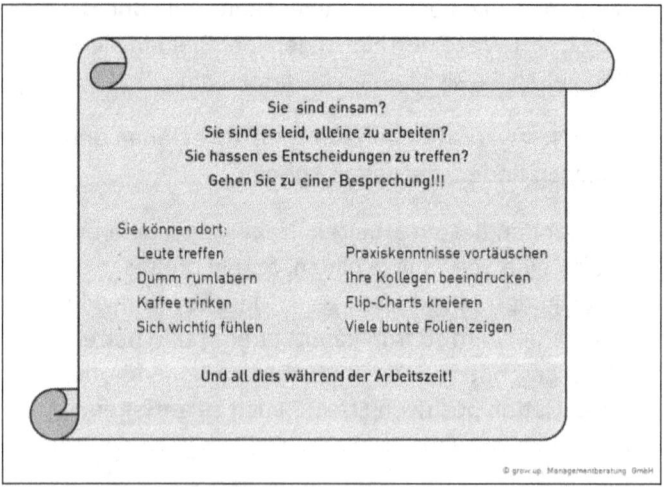

Sie sind einsam?
Sie sind es leid, alleine zu arbeiten?
Sie hassen es Entscheidungen zu treffen?
Gehen Sie zu einer Besprechung!!!

Sie können dort:

Leute treffen   Praxiskenntnisse vortäuschen
Dumm rumlabern   Ihre Kollegen beeindrucken
Kaffee trinken   Flip-Charts kreieren
Sich wichtig fühlen   Viele bunte Folien zeigen

Und all dies während der Arbeitszeit!

© grow up. Managementberatung GmbH

Abb. 6: Aushang Kaffeeküche

Besprechungen: ... die praktische Alternative zur Arbeit!

In vielen Organisationen grassiert nicht nur das E-Mail-Fieber, sondern auch der entfesselte Meeting-Wahnsinn.

Personen sind oft tagelang nicht erreichbar, obwohl sie – angeblich – im Büro sein sollen. Sie hetzen von einem Meeting zum anderen. Man fragt sich wirklich manchmal, wann denn die Besprechungsergebnisse aufgearbeitet oder die vereinbarten Maßnahmen umgesetzt werden.

Dabei sind die durchgeführten Meetings häufig nicht mal effektiv: Oft sieht man Folgendes:

- Tagesordnung fehlt

- Zielsetzung ist unklar

- Die Zeitvorgaben fehlen

- Protokolle fehlen

- Keiner sorgt für die Gesprächsübersicht

- Einige Teilnehmer sind nur zu wenigen Themen notwendig und verschwenden unnötig ihre Zeit

- Ausschweifende Rechtfertigungsarien z. B. wegen Nichterledigungen mit der Folge der erneuten Behandlung dieses Themas

- Abschweifungen – Jede Menge Geschichten werden erzählt

- Gesprächsergebnisse bleiben unklar und unverbindlich

Unsere Tipps für eine wirksamere Meetingkultur sind:

- Keine langen Monologe – Im Zweifel fixierte Redezeiten vereinbaren und durch sichtbare Uhr den Ablauf anzeigen lassen.

- Ausreden lassen und zuhören

- Inhalts-und Beziehungsebene beachten

- Erst die Zahlen auf den Tisch, dann über Bewertungen und Konsequenzen diskutieren

- Immer verbindlich bleiben (Wer macht was bis wann?)

ZDF statt ARD

In Organisationen mit der Führungskultur *niedrige Vertikalität/hoher Anstand* wird gerne und viel gesprochen. Leider sind die gleichzeitig oft auch auf mehreren (hierarchischen) Ebenen geführten Diskussionen nicht immer ziel- und ergebnisorientiert. Eine gemeinschaftliche Vereinbarung kann darin bestehen, dass keine Diskussion mehr ohne die Frage geführt wird: Was bedeutet das eigentlich in Zahlen?

ZDF (Zahlen Daten Fakten) statt ARD (Alle reden drumherum) ist eine hilfreiche Regel, wenn man wegkommen will vom eher gefühlten Zustand und zu einer stärkeren Maßnahmenorientierung.

Kontinuierliche Führungskräfte-Ausbildung

Einer der Schlüssel ist eine dauerhafte Führungskräfte-Weiterbildung. 3-5 Tage pro Jahr an überfachlichen (Führungs-) Trainings sollten eigentlich (Selbst-)Verpflichtung für alle Führungskräfte sein.

Sorgen Sie für eine saubere Stellenbildung.

Sorgen Sie dafür, dass die einzelnen Rollen so besetzt sind, dass sich eine Deckung zwischen den Anforderungen der Aufgabe, den bei der oder dem Rolleninhaber(-in) vorhandenen Kompetenzen und der empfundenen Verantwortung für den Erfolg ergibt.

Häufig resultieren Problemsituationen an dieser Stelle aus Nicht-Passungen und die Folgen sind für Sie selbst, Ihren Verantwortungsbereich und möglicherweise für die ganze Organisation schädlich.

Vertrauen Sie der Kompetenz Ihrer Leute.

Nichts ist schlimmer, als eine Führungskraft die alles selber machen will, weil sie denkt, dass nur sie es so richtig machen kann oder überhaupt hinbekommt.

Viele Ihrer Mitarbeiterinnen und Mitarbeiter werden seit langen Jahren in ihrer Rolle tätig sein. Behandeln Sie sie auf Augenhöhe und als die besten Experten für das Tätigkeitsgebiet, die sie gerade haben.

Stellen Sie Fragen, nehmen Sie Ihren Mitarbeitenden und zugeordneten Führungskräften die Verantwortung für die Problemlösung nicht weg und unterstützen Sie sie, eigene Lösungen für die sich ihnen stellenden Probleme zu finden.

Bitte nehmen Sie keine zu starke Verbundenheit oder Loyalität weder zu ihnen selbst noch zu Ihrer Organisation an. Fast alle Menschen sind – wenn es um den Kern des Kontraktes geht – Kleinunternehmer und versuchen, ihren Ertrag (worin auch immer er besteht) zu maximieren und ihren Aufwand im Griff zu behalten.

Lassen Sie keine Einzel-Verantwortungen zu.

Arbeiten Sie immer wieder einmal einzelne Tage mit den Ihnen zugeordneten Mitarbeitenden zusammen. Das müssen nicht nur Alltags-Tage im Leben der Mitarbeitenden sein, lassen Sie Mitarbeiterinnen und Mitarbeiter auch mal an Ihrem Arbeitstag teilhaben. Sie bekommen einen besseren und weiteren Einblick in Fragen der Aus- und Überlastung, der notwendigen Qualifikation und auch der Reibungsfreiheit von Abläufen.

Gewöhnen Sie alle Kolleginnen und Kollegen von Anfang an an solche Begleitungstage, dann verursachen diese nach zwei- bis dreimaliger Durchführung keine Aufregung mehr.

Tendieren Sie nicht dazu, nach einzelnen Beobachtungen Veränderungen herbeizuführen. Verschaffen Sie sich immer ein stabiles und komplettes Bild vor- und nachlaufender Aufgaben.

Versuchen Sie, alle Rollen immer zwei- bis dreifach zu besetzen. Wir erleben gerade in der Führungskultur *niedrige Vertikalität/hohe Menschenorientierung*, dass Menschen sich mit ihrer Spezialistenrolle mehr oder weniger bewusst gegen Einblicke und von außen heran getragene Effizienzgedanken wehren. Wenn man dann aber mit Kolleginnen oder Kollegen angrenzender Fachbereiche spricht, ist häufig ein „Ich weiß auch nicht, was da den ganzen Tag gemacht wird" der Fall.

Spezial-Rollen reversibel oder auf Zeit bauen

Wenn es nicht vermeidbar ist, dass spezielle Rollen mit nur einer Person besetzt werden, sollten Sie versuchen, eine zeitlich begrenzte Besetzung, verbunden etwa mit einem Rotationsprogramm zu vereinbaren. Üblicherweise tut es einer

Aufgabenbearbeitung sehr gut, wenn sie von mehreren unterschiedlichen Menschen bearbeitet wird. Die Aufgabenbearbeitung erfährt hierdurch eine höhere Breite. Akzeptieren Sie für den Nutzen der stärkeren Unabhängigkeit von einzelnen Personen sogar gewisse Perfektionseinschränkungen der Leistungserbringung.

Dauerhaft Veränderungen initiieren

Diese Veränderungen können schon in den oben angesprochenen Rotationssystemen bestehen. Wenn Menschen dauerhaft immer derselben Tätigkeit mit denselben Abläufen nachgehen, fangen sie irgendwann an, (zu) viel Respekt oder sogar Sorgen zu bekommen, wenn Veränderungen auftauchen.

Es ist für die Leistungsfähigkeit einer Organisation mit dem Betriebssystem *niedrige vertikalität/hohe Menschenorientierung* absolut notwendig, dass Menschen in verschiedenen Rollen oder z. B. zwar derselben Rolle aber in unterschiedlichen Teams eingesetzt werden können. Das muss nicht dauerhaft geschehen aber von Zeit zu Zeit, sonst kommt man schnell aus der Übung, baut sich innere Hürden und Ängste auf und die handelnden Personen werden so mit der Zeit immer schlechter einsetzbar.

Die Menschen in der Organisation mit Hilfe von Geschichten und Bildern vermischen

Wenn Sie erreichen wollen, dass Menschen die organische Grenze von etwa 120 Menschen (Das ist die Menge von Menschen, zu denen man noch persönliche Beziehungen haben kann, etwa die Größe eines kleinen Dorfes) überspringen lernen und auch mit Menschen aus anderen Bereichen produktiv zusammenarbeiten, müssen Sie für gemeinsame Regeln und Werte, aber insbesondere auch für Mythen, Sagen, Bilder und Anekdoten sorgen.

Ohne diese verbindenden Dinge aus der nicht stofflichen Welt werden Ihre Bemühungen kaum eine Chance haben und die Sub-Kulturen der Abteilungen, Bereiche, Dezernate oder Stationen entfernen sich immer weiter voneinander.

Nur ein Rotationssystem aufzusetzen nutzt überhaupt nichts, sondern die ersten Mutigen, die mal für eine Zeit in einem anderen Bereich gearbeitet haben, müssen als *Heldinnen und Helden* ausgezeichnet und bekannt gemacht werden, damit auch die mit weniger Mut ausgestatteten sich trauen (müssen).

Wenn über die ersten Helden Lieder gesungen werden, hilft es Ihnen, das oft gute und menschliche Miteinander um die Vernetzungen und Verbindungen jenseits der sowieso immer vorhandenen Parallel-Organisation zu kräftigen und im Sinne des Unternehmens nutzbar zu machen.

Früh eingreifen statt lange laufen lassen

Es ist nur menschlich – allzu menschlich – wenn man als Führungskraft darauf hofft, dass sich manche Probleme auch mal von selbst erledigen. Leider ist das in der Führungskultur *niedrige Vertikalität/hohe Menschenorentierung* nicht ganz so oft der Fall. Was wir in mehreren hundert Situationen selbst gesehen oder in Seminaren und Coachings berichtet bekommen haben, war fast immer nach dem Strickmuster: *Today's problems were yesterday's solutions*.

Die Probleme wurden fast immer dadurch produziert, dass (oft notgedrungen) die von der Persönlichkeit her falschen

Menschen in die für sie nicht passenden Positionen befördert oder gelassen wurden, obwohl meist schon geahnt wurde, dass das ja wohl nicht die beste aller Ideen sein könne.

Menschen bleiben der Organisation überwiegend langjährig erhalten und nutzen manchmal ihre Position, um sich sichere Schützengräben und auch Bunker zu bauen, um in diesem martialischen Bild zu bleiben, von denen aus gut zu operieren ist. Oft wurden ihnen besondere (oder besonders lästige) Aufgaben übertragen und im Laufe der Zeit gelang es ihnen dann, sich unabkömmlich zu machen und Positionen aufzubauen, wo es kaum noch ohne sie geht.

Das Peter-Prinzip (nach dem kanadischen Soziologen Laurence J. Peter) hat natürlich besondere Entfaltungsmöglichkeiten, wenn das Prinzip, das vorrangig aus den eigenen Reihen befördert werden soll, häufig angewendet wird.

So kommen dann auch Menschen, die schon als Auszubildende nur mit Ach und Krach den Anforderungen genügt haben, über lange Jahre des standhaften Sitzenbleibens selbst in verantwortliche Rollen und genügen dort dann noch viel weniger irgendwelchen Anforderungen.

Auch unterschwellige Konflikte zwischen Personen und sogar ganzen Abteilungen und Bereichen gedeihen in dieser Führungskultur ganz gut. Sie offen auszutragen verbietet die nette und umgängliche Kultur, daher müssen sie quasi heimlich – im Untergrund – ihre virulenten Kräfte entfalten.

Gehen Sie die Themen – wenn Sie solche, meist sich seit langen Jahren abzeichnenden Entwicklungen feststellen – langsam, klug, abgesichert und sehr umsichtig an. Aber gehen Sie sie an. Sie werden nur selten von selbst besser, sie sind aber leider meist infektiös, suchen sich ein interessiertes Publikum in der Organisation und ziehen weitere, schwerere Folgen nach sich. (Sie erinnern sich: B-Performer hire C-Performer).

Nicht den Akkord kaputt machen

Eine Klage im Coaching: „Mein Chef kommt gegen 9.30 und geht spätestens so gegen 15.00 Uhr wieder!"

Meine Antwort: „Ja, und? Freuen Sie sich doch. Das ist doch wahrscheinlich keiner, der Ihnen reinredet."

Die in der Rolle selbst neue aber bereits beruflich erfahrene Referentin will nun in der kirchlichen Organisation alles besonders gut machen.

Sie hat sich schon viele Themen vorgenommen, die sie ganz anders und viel besser machen will.

Der Coach hat Sorgenfalten im Gesicht.

Das ist eine High-End-Kuschelecke. Wen man viel lostritt, tritt man auch vielen Menschen auf die Füße.

Sei es, dass diese die vorherigen Situationen mitverursacht haben, sei es, dass sie vom aktuellen Zustand sehr profitieren.

In dem System wird dem Chef fast gar nichts passieren, solange er nicht gefilmt klaut und jemanden dabei auch noch beweisbar sexuell belästigt.

Nur schlechte Leistung oder mangelnde Anwesenheit bewirken gar nichts.

Leider ist sie auch noch ehrgeizig, perfektionistisch, hat ein hohes, moralisch intaktes Wertesystem und zusätzlich das Bedürfnis, von anderen Menschen für ihre Leistungen anerkannt zu werden.

Hoffentlich siegt ihre Schlauheit und sie arbeitet sich an dem faulen und uninteressierten Chef nicht ab. Und an den von ihr identifizierten Missständen, die sie aus ihrer Rolle heraus auf Jahre hinaus nicht ändern kann, auch nicht.

Der Coach empfiehlt ihr, ruhig, gelassen und umsichtig in aller Ruhe zu arbeiten, die Freiräume für interessante Projekte zu nutzen und ihrem Chef von ihren Erfolgen immer mal einzelne abzugeben, damit er auch ein wenig Glanz abbekommt.

Wenn sie dem Chef zu sehr unangenehm wird, muss der reagieren. Denn er wird nicht nach all den Jahren wieder anfangen, fleißig zu arbeiten. Reagieren kann auch heißen, sie stolpern zu lassen. Über Fallen, die sie weder ahnt, noch sich vorstellen kann.

Ich habe mal für eine Kuschelecken-Organisation gearbeitet, in der die eine Führungskraft die andere nicht leiden konnte, weil sich ihre Väter schon über irgendwelche wissenschaftlichen Themen gestritten hatten.

Als der zweite nun in eine verantwortliche Rolle kam, schädigte er den ersten, wo er nur konnte.

Er stellte sogar Personen ein, die einen schlechten Leumund hatten und ausgewiesen schlechte Referenzen. Er schädigte also die ganze Organisation nur, um dem anderen ein Leid anzutun.

Sonderlocken so wenig wie möglich akzeptieren

Da die kommunikative Vernetzung und Dichte hoch ist, vermeiden Sie Sonderregelungen für einzelne Mitarbeitende der Organisation und seien sie noch so nichtig. Diese Themen kommen fast immer raus und dann ist das Ärgerpotenzial groß. Und Sie haben Dutzende Menschen vor der Bürotür stehen, die genau die Sonderlocke haben wollen, ob sie sie brauchen oder nicht.

„Das steht mir doch zu" bekommen Sie dann allerorten zu hören.

Eine Mitarbeiterin wollte im Großraumbüro unbedingt Blumen haben und fand in einem schwachen Moment eine Lücke.

Das Thema lief Jahre. Wer wann unter welchen räumlichen Bedingungen wieviel Blumen haben durfte, die dann wer in welchem Service-Level pflegt, verursachte hunderte von Diskussionen. Umzug von Einzelbüros in Großraumbüros. Das Projekt zog sich über 1,5 Jahre hin.

Unter anderem deshalb, weil − so die Ausstattungsregel − alle Führungskräfte zwar einen kleinen Besprechungstisch aber − je nach Hierarchieebene eben ein- oder zwei Besprechungsstühle dazu bekommen sollten.

Das Thema war der jahrelange Aufreger in allen möglichen Führungsveranstaltungen. Es ging hin bis zu nächtlichen Stuhlentführungen oder Angelpartien aus dem Entsorgungscontainer.

Statussymbole oder Sonderlocken wieder einkassieren zu wollen, endet vorhersehbar mit großem Geschrei. Also: *Wehret den Anfängen.*

Kollegiale Fallberatung

Ein gutes Instrument zur Bearbeitung von beruflichen Schwierigkeiten ist die Kollegiale Beratung. Es handelt sich um ein strukturiertes Beratungsgespräch in einer Gruppe mit dem Ziel, gemeinsam Lösungen für konkrete berufliche Problemsituationen zu entwickeln.

Der Nutzen besteht in einer Intensivierung des fachlichen Austauschs. Die Kollegiale Fallberatung trägt dazu bei, einen Rückhalt durch die Gruppe zu erleben und gleichzeitig die individuellen Handlungskompetenzen zu erweitern. Durch die gemeinsame Diskussion von Fällen aus dem realen (Führungs-)Alltag der Teilnehmerinnen und Teilnehmer werden gemeinsame Lösungen geschaffen und gemeinsame Kultur und Werte können (wieder etwas stärker) gelebte Realität werden.

Die Kollegiale Fallberatung hat – obwohl sie zeitlich einen gewissen Invest darstellt – eine gute Effizienz durch ihre klare Struktur und steigert so die Qualität der gemeinsamen Arbeit.

Der Ablauf der Kollegialen Fallberatung ist nachfolgend dargestellt. (Sie finden dieses Dokument samt Anleitung ebenfalls in den Downloads zu diesem Booklet):

Einführung in die Fragestellung: Der Fallbringer führt kurz in die Frage/den Fall/ das Thema ein, das sie/ihn beschäftigt.	5 Minuten
Durchleuchten der Fragestellung: Mitglieder der Lerngruppe helfen, die Fragestellung durch Fragen weiter auszuloten. Es werden vorwiegend offene Fragen gestellt, die auch tiefergehende Ebenen ansprechen können: Wie geht der Fallbringer mit der Situation um? Wie steht es um die Zusammenarbeit mit anderen? Welche zwischenmenschlichen oder persönlichen Themen ergeben sich durch sie? Etc.	10-15 Minuten

Problem-Definition: Die Gruppenmitglieder formulieren eine oder mehrere mögliche Problemdefinitionen/Kernfragen/Zielsetzungen. Der Fallbringer – nachdem er/sie die Problemdefinitionen der anderen gehört hat – formuliert die eigene Frage/Problemdefinition/Zielsetzung.	5 Minuten
Beratung: Die Gruppenmitglieder erarbeiten durch Fragestellungen gemeinsam mit dem Fallbringer Lösungsmöglichkeiten oder formulieren Hypothesen für den Fallbringer im Sinne von: Was lässt das Problem weiter bestehen, wie es derzeit ist? Etc. Der Fallbringer reagiert auf die Hypothesen: Womit kann er/sie etwas anfangen – und womit nicht?	10-15 Minuten
Auswertung: Der Fallbringer wertet die Beratung durch die Gruppe aus: Welche Erfahrungen/Einsichten hat er im Laufe des Prozesses gewonnen? Welche Wirkung haben die Beiträge der einzelnen Gruppenmitglieder in ihm/ihr hervorgerufen? Etc.	5 Minuten
Gesamtaufwand	35-45 Minuten

Wenn der Fallgeber an der Reihe ist, schweigt die Gruppe und wenn die Gruppe an der Reihe ist, schweigt der Fallgeber. Wahlweise kann der Fallgeber während der Schritte 3 und 4 hinter einer Moderationswand platznehmen.

Vorteile: Die Gruppe wird nicht durch seine Reaktionen abgelenkt und es ist für den Fallgeber leichter, die Diskussion schweigend auf sich wirken zu lassen.

Nach professioneller Hilfe fragen

Wenn es mal nicht weitergeht, holen Sie sich Hilfe von außen. Es geht häufig gar nicht darum, ob der Teamcoach oder die Konfliktmediatorin die beste ist, die man für den Job haben kann.

Häufig taucht schon deshalb eine Veränderung auf, wenn Menschen von außerhalb des regulären Systems auftauchen und anfangen, Fragen zu stellen.

Das kann die Situation bereits so weit bewegen, dass man sich mal wieder zuhört und eine Öffnung für andere Sichtweisen wieder möglich wird.

Was passiert, wenn mit den falschen Instrumenten in unpassenden Situationen arbeitet?

Natürlich kennen Manager und Führungskräfte die Schwachstellen des Systems.

Sie haben über Jahre und Jahrzehnte gelernt, damit zu leben und irgendwie dafür zu sorgen, dass die Organisation doch mehr oder weniger passende Ergebnisse erbringt.

Problematisch wird es, wenn Instrumente aus anderen Führungswelten eingeführt werden, die Erwartungen wecken, die dann vorhersehbar über kurz oder lang Frustrationen auslösen, weil sie in dem Führungsbetriebssystem kaum erfüllbar sind.

Ein sicher vielen Führungskräften der Führungskultur *niedrige Vertikalität/hohe Menschenorientierung* gut bekanntes Beispiel für solche gut gemeinten – aber nicht immer gut gemachten – Instrumente sind z. B. **Führungsleitbilder.**

Der **Anspruch an Führungskräfte** – gerne in Arbeitsgruppen auch intensiv mitformuliert von Kolleginnen und Kollegen, die noch nie in einer Führungsrolle waren (wirklich kein Witz, genau so erlebt).

Die **real vorhandenen Möglichkeiten**, Menschen durch das so deklarierte Führungsverhalten zu entsprechend team- und leistungsorientiertem Verhalten anzuleiten, sind meist kaum vorhanden.

Das Ende vom Lied: **Unerfüllbare Erwartungshaltungen** auf Seiten der Mitarbeitenden und eine **prima Inversion**. Mitarbeitende (und die Personalvertretung) wissen haargenau, wie sich die Führungskraft in welcher Situation zu verhalten hat, auf das Verhalten der Mitarbeitenden bezogene Instrumente (z. B. verlässlich eingehaltene Regeln, leistungssteigernde Incentives, wirksame Sanktionen etc.) existieren aber nicht.

Sehr bemerkenswert sind auch die immer mal wieder angegangenen Versuche in diesen Führungskulturen, ein **leistungsorientiertes, variables Vergütungssystem** einzuführen.

Da niemand daran gewöhnt ist, offen über die natürlich allen aus dem Alltag bekannten und für alle gut sichtbaren, sehr großen Leistungsunterschiede zwischen unterschiedlichen Mitarbeiterinnen und Mitarbeitern zu sprechen, aber alle auch daran gewöhnt sind, dass die Probleme mit dem zur Verfügung stehenden Geld irgendwie ruhiggestellt werden, ist das Ergebnis der Einführungsversuche immer dasselbe: Mit hehren Ansprüchen gestartet, enden solche Versuche meist in der für die Organisation am wenigsten problematischen: In der **systemstabilisierenden Umverteilungskultur** dieser Betriebssysteme. Statt die Leistungsträger zu incentivieren und den Schlechtleistern aufzuzeigen, dass ihre Leistung so nicht (mehr) passt, wird die zur Verfügung gestellte Menge Geld so umverteilt, dass alle Beteiligten ein bisschen haben, die Schlechtleister sich nicht als solche fühlen müssen und die Leistungsträger immer weiter frustriert werden.

Eine Personalverantwortliche einer Universitätsverwaltung: „Wir verheizen Menschen, die werden immer unzufriedener. Dabei belasten wir die Leistungsträger immer mehr. Die haben dann irgendwann kein Interesse mehr, die Low-Performer und Problemfälle mitzuschleppen".

Das führt dazu, dass – anders, als es Menschen in solchen Organisationen oft massiv beklagen, viele Menschen nicht zu wenig, sondern – festgemacht an ihrer Leistung und ihrem Output – **häufig zu viel verdienen**.

Und auch das findet man immer wieder: Ein kleinerer Anteil unbeeindruckter, sehr mit der Rolle und der Aufgabe identifizierter und nicht nachlassender **Leistungsträger** verdient – im Hinblick auf ihre relative Leistung – **deutlich zu wenig**.

Über Jahrzehnte steuerte man solche Organisationen mit dem kameralistischen System des Mittelzuflusses und der Planstelle.

Warum? – Weil man schon früh wusste, dass solche Betriebssysteme immer dazu tendieren, sich aufzublähen. Schon seit dem späten Mittelalter wurde den Professoren einer Universität eine Verwaltung zur Seite gestellt, die dafür sorgte, dass nur eingenommene Gelder ausgegeben wurden und das Geld zusammenhielt. Funktionierte die Verwaltung nicht, war das Geld immer schneller weg, als man gucken konnte.

So ist es auch heute noch: Die Politik will etwas, der Chef soll etwas, die Mitarbeitenden sind chronisch überlastet. Anders als zu früheren Zeiten werden aber dann heute eben gerne weitere Menschen eingestellt. An die ineffektiven Prozesse und Abläufe zu gehen – undenkbar.

Die (für diese Kulturen) *modernen* Steuerungssysteme mit Zielvereinbarung und Budgetierung setzen aber eine Konsequenz- und Leistungskultur voraus, die die Unternehmensberater bei der Implementierung dieser Systeme natürlich nicht mitgebracht haben und auch nicht mitbringen konnten.

Die Organisation spürt das – und hält so z. B. die alten Systeme – zusätzlich zum Neuen – so lange wie möglich aufrecht. Ich habe Organisationen kennengelernt, die neben der modernen Budgetierung die alte kameralistische Steuerung über Stellen nicht aufgeben wollten, weil ihnen das ganze System dann kostentechnisch sehr schnell entglitten wäre.

Dadurch entsteht natürlich immer mehr Aufwand, der zur eigenen Selbstverwaltung gebraucht wird und immer weniger Nutzen für Patienten, Kunden, Bürger oder Studenten generiert.

Woran erkenne ich, dass ein solches System nicht zu mir passt?

Wenn Sie handlungsorientiert sind und wirklich etwas bewegen und gestalten wollen – lassen Sie sich nicht auf Ausflüge in solche Zauberwälder ein.

Im Normalfall müssen Sie – um hier wirklich langjährig zufrieden sein zu können – aus solch einem oder einem ähnliche System kommen und auch dort sozialisiert und aufgewachsen sein.

Lassen Sie sich in Bewerbergesprächen und auf Jobmessen nicht von modernen Fassaden oder den Ihnen gerne in bunten Farben erzählten Zukunfts-Stories blenden:

Ob Stadtwerke, öffentliche Verwaltung, Universität, Landesbehörden oder Ministerien: Es wird sich bezüglich der Arbeits-, Zusammenarbeits- und Führungskultur in diesen Einrichtungen substanziell in den nächsten Jahren und wahrscheinlich an manchen Stellen auch Jahrzehnten kaum etwas ändern, dazu müsste man intensiver und nachhaltiger vorgehen.

Es müssten vielen Menschen Privilegien und fest verankerte, fehlgeleitete und veraltete Schutzmechanismen weggenommen werden. Die Führung in den Systemen müsste aufhören, so viele Menschen gelangweilt, wirkungslos und dadurch am Ende krank zu machen.

Es bräuchte wieder verbindendende Wertekontexte und echte Anreize, aber auch reale Konsequenzen bei dauerhafter Schlechtleistung.

Zu fest etabliert sind die vielen Profiteure des Systems und zu schwach die Politik, um hier wirklich etwas zu ändern – vielleicht weil es eben oft auch kaum jemand wirklich will. Die, die darunter leiden, können sich nicht wehren, die anderen verlassen solche Systeme schnell wieder und die, die sich anpassen, leben meist dauerhaft klagend ganz prima.

Wann sollte ich besser gehen? – Leave it

Junge Menschen verlassen solche Systeme heute oft schnell – nach einer gewissen *Anstandszeit* – wieder. Kein Wunder – die angebotene Umgebung passt nur noch zu einem kleinen Teil der jungen Menschen.

Die idealistischen und systemverbessernden Wünsche, Gedanken und Vorstellungen junger Menschen werden sehr schnell frustriert.

Die Machtpositionen sind mit den Apparatschicks aus den *Old-Boys-Networks* besetzt.

Die junge Personalentwicklerin – Nummer drei in zwei Jahren – kündigt den neuen Job nach vier Wochen. Der Personalchefin reicht es nun mit den jungen Leuten. Danach bleibt die Rolle eben unbesetzt. Nicht, dass die Organisation die Funktion nicht dringend gebraucht hätte.

Dem klugen und erfahrenen Bereichsleiter Strategie – abgeworben von einer Beratung – ist nach eineinhalb Jahren so langweilig, dass er in eine größere Organisation derselben Branche flüchtet. Ein strategie-unerfahrenes Eigengewächs aus dem Hause wird in die – drei Nummern zu große – Position gehievt. Egal. Nun gibt es eben eine Theorie-Strategie aus dem BWL-Lehrbuch.

Der neue Abteilungsleiter *Gebäude und Liegenschaften* der öffentlichen Verwaltung schlägt – nur Tage nach seinem Dienstantritt – die Hände über dem Kopf zusammen.

Schlendrian und Überforderung, Frustration und Inkompetenz, Laissez-Faire Führungsverhalten seiner Vorgänger und mangelnde Einwirkungs- und Steuerungsmöglichkeiten versetzen ihn in einen *Rambo-Notfall-Modus*.

Da er aus der Privatwirtschaft kommt und große Bau-Projekte mit vielen Dienstleistern gemanaged und erfolgreich zum Abschluss gebracht hat, beherrscht er diesen Modus auch.

Nur – er hat hier in dieser Rolle keine entsprechende Ausstattung.

Er denkt, gute Leistung genügt.

Die Erfolge werden es schon zeigen, dass er der richtige Mann ist – so denkt er.

Er versucht es dummerweise ohne Instrumente, Netzwerk und Rückhalt. Beziehungsweise verlässt er sich auf verbalen Rückhalt. Und hat keine Ahnung, wie schnell der verschwindet, wenn Gegenwind kommt oder Öffentlichkeit droht.

Nach zwei Monaten sind seine Führungskräfte komplett gegen ihn aufgebracht und die Mitarbeitenden in deren großen Abteilungen komplett verwirrt und/oder überfordert.

Fachlich wäre er der Beste gewesen, den die Organisation in dem Thema je hatte.

Er hätte die seit Jahren verschobenen und zum Teil auch über- oder kaputtsanierten Gebäude- und Sanierungsthemen auf ein völlig anderes Niveau gebracht. Billiger und deutlich schneller.

Aber eben keine Erfahrung und Idee, wie man in diesen Welt Menschen hinter sich bringt. Und wie lange das dauert. Und wie sanft und indirekt man arbeiten muss. Von wieviel Seiten man Unterstützung braucht. Wie man mit beauftragenden Ministerien umgeht. Und wieviel Freunde notwendig sind, damit man überhaupt etwas bewegen kann. Wieviel und wie gute Koalition unter Führungskräften erforderlich ist, damit niemand sich am *Trainings-Stöhnen* stört, wenn lange traulich in ihrer Tätigkeit eingeschwungenen Menschen etwas anderes abverlangt wird.

Er muss innerhalb der Probezeit gehen.

Der von außen geholte, etwas zu tatkräftige Geschäftsführer des Technik-Betriebes versteht nicht, dass die ganze Organisation *Wasch mich, aber mach mich nicht nass* von ihm forderte. Er versteht immer *Krempel mich um*, weil er das aus seinen vorherigen beruflichen Rollen so kennt. Und, weil man ihm das bei seiner Bewerbung angeblich ursprünglich mal auch so gesagt hatte.

Die Organisation entsorgte ihn nach zweieinhalb Jahren.

Ein lieber und netter, dem Gesamtgeschäftsführer nicht gefährlicher, aber eben in seiner aktuellen Rolle eher wirkungsloser Bereichsleiter übernimmt die Aufgabe. Peter-Prinzip live. Menschen in solchen Organisationen werden häufig und gerne bis zur maximalen Ausbaustufe ihrer Inkompetenz hochbefördert.

Und alles ist wieder schön.

Zusammenfassung

Sie finden nachfolgend die wesentlichen Dos und Don'ts für Führungskräfte in der Führungskultur *niedrige Vertikalität bei hoher Menschenorientierung* im Überblick:

Dos und Don'ts

Kommunizieren Sie viel, intensiv und authentisch.

Tragen Sie trotzdem Ihr Herz nicht auf der Zunge.

Bleiben Sie geradlinig und berechenbar.

Seien Sie nicht zu naiv oder unpolitisch. Manche Kolleginnen und Kollegen – nicht nur unter den Führungskräften – nutzen gebotenen Freiraum nicht durchgängig zur Arbeit an der Sache oder der Zielstellung der Organisation, sondern zum Ausdenken und Realisieren von politischen oder auch egoistischen Spielchen.

Gehen Sie vorsichtig und mit gebotenem Respekt mit anderen Führungskräften um. Alle haben ihre Kräfte und Stärken. Es muss in diesem Betriebssystem nicht unbedingt Leistung sein. Sie finden hier auch echte Meister der Camouflage und der Tarnung.

Lassen Sie sich nicht in zu viele politische Spielchen hineinziehen. Es schädigt Ihre Psyche. Franzosen sagen dazu *deformation professionelle* und wissen, wovon sie reden.

Denken Sie nicht, dass Sie in dieser Führungskultur nur über Leistung und Erfolg Karriere machen. Sie können mit einem Misserfolg, mit einer Pleite, die Aufbauarbeit von Jahren zerstören, also wägen Sie Chance und Risiko richtig ab. Manchmal kann *vorne sein* auch schädlich werden.

Achten Sie auf Ihre eigene gute Vernetzung in der Organisation. Sie bekommen sonst Entwicklungen nicht mit, die für Sie persönlich oder Ihren Verantwortungsbereich erfolgskritisch sein können.

Sie brauchen Freunde. Und gute Freundschaften baut man hier – wie in allen anderen Situationen – über gemeinsame Erlebnisse, Verlässlichkeit, Vertrauen und über lange Jahre auf.

Haben Sie die richtigen Freunde, können Sie in diesem Betriebssystem Unglaubliches bewegen.

Sorgen Sie für einen guten und persönlichen Draht zu allen Mitarbeiterinnen und Mitarbeitern.

Scharen Sie leistungsorientierte Menschen um sich und lehnen Sie es ab, Menschen aus anderen Teilen der Organisation zu übernehmen, wenn Sie diese nicht besonders gut kennen oder einschätzen können. Nicht immer geben andere Bereiche ihre Leistungsträger ab.

Seien Sie vorsichtig, wenn Sie Situationen verändern sollen.

Beobachten Sie die Situation gut, holen Sie sich professionelle Hilfe. Es gibt in dieser Führungskultur echte Zauberwälder, da kommen Sie ohne Erfahrung und Begleitung nicht wieder heraus.

Sie sind im Normalfall nicht der Erste, der daran, die Situation wieder zur Vernunftorientierung zurück zu bringen und dann auch vorhersehbar scheitert.

Schlusswort

Die Führungskultur *niedrige Vertikalität bei hoher Menschenorientierung* hat – wie alle anderen Führungskulturen auch – ihre ganz eigenen Vorteile, Eigenarten und an manchen Stellen eben auch Nachteile.

Sie kann ganz besondere Leistungen und Erfolge hervorbringen. Den gebotenen Freiraum wissen Menschen häufig sehr zu schätzen. Wenn sie die Möglichkeiten in Anstrengung und Leistung umsetzen können, entstehen oft einzigartige Erfolge.

Ob Softwarehaus oder Kulturinstitut, ob Hilfsorganisation oder Stadtwerk – die hohe Menschenorientierung führt zu starker und langjähriger Bindung der Menschen an die Organisation und das gute Miteinander meist zu wenig Gegeneinander und Konflikten.

Das Durchschnittsalter deutscher Organisationen beträgt ca. 8 Jahre. Das bedeutet: Die eine Hälfte der Organisationen ist jünger.

Viele Organisationen mit dem Betriebssystem *Kuschelecke* sind jedoch viel älter.

Es ist eine Freude zu sehen, dass häufig nicht nur Ergebnisse und Shareholder-Value, Performance und KPI´s einer Organisation das Überleben ermöglichen, sondern auch eine hohe Mitarbeiter-Orientierung und anständige Art des miteinander Umgehens ein hohes Lebensalter von Organisationen ermöglichen.

Bilden sich die Werte der Organisation und die Art und

Weise des Umgangs untereinander in eingehaltenen Spielregeln ab und fühlen sich die Menschen diesen auch überwiegend verpflichtet, kann ein sehr rücksichtsvolles, harmo-
nisches und gleichwohl sehr leistungs- und erfolgsorientier-
tes Miteinander ent- und bestehen. Der gemeinsame Werte-
und Verhaltenskanon, dem sich die Mitglieder der Organisation auch verpflichtet fühlen, ist für das Funktionieren dieses
Betriebssystems essenziell.

Geht diese Werte-Welt – warum auch immer – verloren und
taucht nicht rechtzeitig ein neuer, sinnstiftender und akzep-
tierter Werte-Kanon auf, sind die geringe Vertikalität und die
hohe Menschenorientierung allerdings nicht immer von
Vorteil.

Manchmal ist es auch in dieser Führungskultur notwendig,
Klartext zu sprechen und Menschen dazu zu bringen, die
Freiheit ihrer Selbstbestimmung hinter die gemeinsamen
Ziele zurück zu stellen.

Das fällt aber in diesem Führungsbetriebssystem vielen Führungskräften nicht so leicht, unter anderem, weil Menschen
hier sehr empfindlich und angegriffen auf Einschränkungen
ihrer Freiheit reagieren können. Instrumente und Vorgehens-
weisen, aber auch Erfolgskontrollen und Konsequenzen bei
schwachen Leistungen, fehlen oft fast vollständig und ihre
Einführung wird oft auch ganz bewusst verhindert. Das ist als
solches nicht so tragisch, solange es der Organisation gut
geht.

Gerät das Unternehmen aber in schwierigere Situationen,
brauchen Sie als Manager und Führungskraft die in dieser
Führungskultur akzeptierten Methoden, langjährige Erfahrung und passende Strategien, um den weiteren Erfolg ihres
Verantwortungsbereiches, des Unternehmens oder der Organisation sicherstellen zu können.

Weitere Informationen zu verschiedenen Führungsthemen finden Sie auch auf unserer Seite unter **www.grow-up.de**. Abonnieren Sie unseren Blog unter **blog-grow-up.de.** Wir schreiben regelmäßig zu Führungsthemen.

Auch in den sozialen Medien sind wir vertreten. Gerne bleiben wir so mit Ihnen in Kontakt. Unseren YouTube-Kanal finden Sie unter folgendem QR-Code:

Hier finden Sie **weiterführende Videos.**

Oder besuchen Sie uns auf **Facebook** oder **Instagram**:

Wir freuen uns über Ihr Feedback!

Wir mögen alle Führungsbetriebssysteme und freuen uns, wenn sie für die Erreichung der Ziele überwiegend funktional und nur selten dysfunktional sind.

Als Unternehmens- und Managementberater werden wir natürlich eher nachgefragt, wenn die Führungskultur in einem Bereich, einer Abteilung oder einem Team mehr dysfunktional als funktional ist.

Wir freuen uns, wenn Sie uns Beispiele und Geschichten senden, die Sie in einer der Führungskulturen erlebt haben.

Senden Sie mir Ihre Meinung/Anmerkungen/Fragen zu unserem Buch entweder per Mail an **lorenz@grow-up.de** oder machen Sie uns die Freude und hinterlassen Sie uns Ihre Rezensionen direkt auf amazon.de. **Vielen Dank!**

Literaturempfehlungen

Führung

Eichsteller, H. & Lorenz, M.: Fit für die Geschäftsführung im digitalen Zeitalter. Souveräne Performance in 8 Schritten. Frankfurt a. M.: Campus Verlag, 2019

Lorenz, M.: Generation Young – Wie sie denkt. Wie sie arbeitet. Göttingen: BusinessVillage, 2019

Lorenz, M.: Digitale Führungskompetenz. Wiesbaden: Springer Gabler Verlag, 2019

Lorenz, M., Rohrschneider, U.: Praxishandbuch Mitarbeiterführung. 4. Aufl. Freiburg: Haufe-Lexware Verlag, 2019

Lorenz, M., Rohrschneider, U.: Praktische Psychologie für den Umgang mit Mitarbeitern. 2 Aufl. Wiesbaden: Springer Gabler Verlag, 2014

Personalmanagement

Lorenz, M., Rohrschneider, U.: Der Personalentwickler. Wiesbaden: Gabler Verlag, 2010

Lorenz, M., Rohrschneider, U.: Erfolgreiche Personalauswahl. Wiesbaden: Gabler Verlag, 2015

Rohrschneider, U., Friedrichs, S., Lorenz, M.: Erfolgsfaktor Potenzialanalyse. Wiesbaden: Gabler Verlag, 2010

Weitere spannende und hilfereiche Bücher aus den **grow.up.-Reihen** finden Sie auf www.amazon.de:

4,95 €

57 Seiten, broschiert, ISBN: 978-1983590245

In diesem Booklet stellen wir Ihnen das Führungskulturmodell vor. Erfahren Sie anhand vieler Beispiele, welche unterschiedlichen Führungswelten es gibt, welche Vor- und Nachteile diese mit sich bringen und erkennen Sie, in welcher Führungssituation Sie sich selbst befinden. Erfahren Sie, wie Sie dieses Wissen sinnvoll zur Erreichung Ihrer Ziele nutzen können. Sie bekommen klare Empfehlungen, wie Sie mit Mitarbeitern und Kollegen kommunizieren sollten, Ihre Chefs von Ihrer Sicht überzeugen und Fallstricke vermeiden. Erfahren Sie, wie Sie anhand des Modells Veränderungen herbeiführen und welche Vorhaben zwecklos sind.

3,59 €

61 Seiten, broschiert, ISBN: 978-1-5403-3373-5

Erfolgreiche Führung mit dem Vierfarben-Modell hilft Ihnen dabei, sich selbst und andere besser zu verstehen. Sie lernen, die unterschiedlichen Verhaltensmuster Ihrer Mitarbeiter mit den eigenen in Einklang zu bringen, dass Beziehungen, Kommunikation und Zusammenarbeit nachhaltig verbessert werden. Sie lernen, was Ihr Farbtyp über Ihren Führungsstil aussagt, wie Sie Ihre Wirkung auf andere gezielt verbessern und in Verhandlungen überzeugen können. Sie erfahren, was Sie in der Teamarbeit mit den unterschiedlichen Typen beachten müssen und können Konflikte frühzeitig lösen.

3,59 €

66 Seiten,
broschiert, ISBN:
978-1-5234-2368-2

Erfolgreiche Führung durch Kommunikation unterstützt Sie dabei, sich das notwendige Basiswissen anzueignen, um Ihre Mitarbeiter durch eine gute Kommunikation erfolgreich zu führen. Dazu gehört z. B., wie Sie kommunizieren sollten, damit Sie als Führungskraft auch zur Vertrauensperson Ihrer Mitarbeiter werden, wie Sie sich auf wichtige Gespräche vorbereiten und unterschiedlichen Gesprächspartnern begegnen können.

Wir zeigen Ihnen, wie Sie in konfliktären Situationen kompetent agieren und was Sie bei einer Konfliktmoderation beachten sollten.

3,59 €

72 Seiten,
broschiert, ISBN:
978-1-5234-2168-8

Erfolgreiche Führung durch Selbstführung hilft Ihnen, nicht nur Ihr persönliches Zeitmanagement zu verbessern, sondern leitet Sie auch an, durch die bewusste Fokussierung auf das, was Ihnen wirklich wichtig ist, den inneren Kompass neu auszurichten und sich von unnötigem Ballast zu befreien. Es vermittelt Ihnen zahlreiche Tipps und Tricks, Techniken und Tools, Methoden und Regeln, wie Sie Ihre Zeit sinnvoll planen können, klar und zielgerichtet Prioritäten setzen lernen sowie Stressfaktoren reduzieren. Wir helfen Ihnen, mehr Raum für die wirklich wichtigen Dinge zu schaffen.

Entdecken Sie auch unsere Booklets zu den Themen:

- Erfolgreiche Führung durch Motivation
  ISBN: 978-1517749477

- Erfolgreiche Führung durch Delegation
  ISBN: 978-1518717291

- Erfolgreiches Verhandeln für Führungskräfte
  ISBN: 978-1544271309

- Professionelle Personalauswahl und -entwicklung
  ISBN: 978-1516867226

- Feedbackkompetenz für Führungskräfte
  ISBN: 978-1548914868

auf **www.amazon.de.**

Der Autor

 **Michael Lorenz** ist Geschäftsführer der grow.up. Managementberatung GmbH in Gummersbach. Vorher war er langjährig Geschäftsführer und Partner der Kienbaum Management Consultants GmbH und leitete den Geschäftsbereich Human Resources Management.

Michael Lorenz berät nationale und internationale Kunden seit 1988 in Fragen der Strategie, der Personalentwicklung und der Management-Diagnostik.

Schwerpunkte seiner Arbeit liegen in der Prozessbegleitung und Moderation von strategischen Change- und Neuausrichtungsprojekten sowie in der Veränderung der Führungskultur von Organisationen.

Weitere Schwerpunkte liegen in Trainings und Workshops für Manager und Führungskräfte in den Themenfeldern Management, Führung und Vertrieb und in der Konzeption, Implementierung und Projektleitung von Personalentwicklungsprojekten.

In individuellen Coachings begleitet Michael Lorenz Manager bei persönlichen Veränderungs- und Entwicklungsprozessen in Führungs- und Positionierungsfragen.

Er hat zahlreiche Artikel und Bücher zum Themenfeld Management, Führung und Human Resources veröffentlicht.